Heinrich
Bücker

Kaleidoskop

Aus dem Schatzkästchen
eines Seelsorgers

Bibliografische Information Der Deutschen Bibliothek
Die Deutsche Bibliothek verzeichnet diese Publikation in der Deutschen Nationalbibliografie; detaillierte bibliografische Daten sind im Internet über http://dnb.d-nb.de abrufbar.

ISBN 978-3-944974-05-7
1. Auflage 2015
© 2015 by **dialog**verlag Münster

Das gesamte Werk ist im Rahmen des Urheberrechtsgesetzes geschützt. Jegliche vom Verlag nicht genehmigte Verwertung ist unzulässig. Dies gilt auch für die Verarbeitung durch Film, Funk, Fernsehen, fotomechanische Wiedergabe, Tonträger jeder Art, elektronische Medien sowie für auszugsweisen Nachdruck und die Übersetzung.

Gesamtherstellung: **dialog**verlag Münster

Titelbild: Ursula Nübel

Inhalt

7	Vorwort
8	Erwarten
9	Vier Kerzen
10	Meditation zum ersten Advent
12	Erster Advent
13	Zweiter Advent
14	Dritter Advent
15	Vierter Advent
16	Stille
17	Laudatio
18	Der Mann vor der Tür
20	Heilige Nacht
21	Weihnachten
22	Wie schön, dass du geboren bist
24	Noch ans Christkind glauben?
26	Wie Ochs und Esel träumten
28	Ein neues Jahr
30	Drei Könige
33	Afrikatag
35	Der kleine Seiltänzer
37	Die Versehlampe
40	Das Lachen der Gläubigen
42	Zehn kleine Christen
44	Eine Büttenpredigt am Karnevalssonntag
47	Lachen
48	Rosenmontag
49	Aschermittwoch
50	Ramadan
52	Fasten
53	Abhängig

55	Seelenspeise
56	Brotmeditation zu Gründonnerstag
58	Gebet am Morgen
59	Tischgebet
60	Ein Kreuz auf dem Weg
62	Eine Krankensalbung
64	Gott erfahren
66	Der Schatz im Garten
68	Florian
70	Pfingsten in der Berufsschule
73	Fronleichnam
77	Wenn der Pfarrer einen hebt
79	Gut angekommen
81	Der Fußballgott
83	Gespräch über den Gartenzaun
85	Schlagfertig
89	Segnung
90	Kirmes in Kirchhausen
93	Ein Priester als Busfahrer
95	Protest aus der rechten Ecke
97	Kirchenaustritte
100	Der Äskulapstab
102	Brot zwischen den Schienen
104	Schockiert
106	Solwodi
109	Licht im Herbst
111	Buß- und Bettag
113	Eine Perspektive
116	Ein Bischof in Zivil

119	Zum Nachdenken
119	Geiz ist geil
121	Ich bin dann mal weg
123	Die Würde der Toten
125	Zum Lachen

Vorwort

Kaleidoskop

Vielleicht sind Sie über den Titel dieses Buches verwundert. Ich habe ihn aber bewusst gewählt.

Der Begriff „Kaleidoskop" kommt ursprünglich aus dem Griechischen und bedeutet „schöne Formen schauen".
Heute steht dieser Begriff einerseits für ein Kinderspielzeug, das Gegenstände mehrfach spiegelt, sodass ein symmetrisches farbiges Muster sichtbar wird, das sich beim Drehen ändert. Andererseits ist er auch eine Metapher für die Vielfarbigkeit des menschlichen Lebens.

Vor allem durch meine Arbeit in der Seelsorge habe ich erfahren, wie bunt und vielfältig das Leben sein kann.

Das Urteil darüber, ob meine Sammlung von Erzählungen und Gedichten es verdient, mit einem Schatzkästchen in Verbindung gebracht zu werden, muss ich dem Leser überlassen. Mir selbst macht das Schreiben viel Freude.

Wenn das „Produkt" dann noch beim Leser ein Nachdenken bewirkt und vielleicht sogar eine Verhaltensänderung, würde mich das sehr beglücken.

Heinrich Bücker

Erwarten

Herr, es wird gesagt, dass du kommst,
in unsere Welt, in mein Leben.
Dein Kommen soll Veränderung bringen,
mehr Liebe, mehr Frieden.
Ich spüre so wenig davon.
Bleibst du vielleicht aus?
Hältst du dich aus allem heraus?
Oder sehe ich nicht richtig?
Lass mich deine Spuren entdecken,
dich suchen in deinem Versteck!
Du verbirgst dich in den Armen und Kleinen,
in Wein und Brot,
in deinem Wort,
wirst leicht übersehen.
Schenke mir einen offenen Blick für dich
mit den Augen des Herzens
und lass mich dich erwarten!

Vier Kerzen

Herr, jeden Sonntag im Advent
brennt eine Kerze mehr am grünen Kranz.
Du kommst in Etappen,
oft in kleinen Schritten.
Du kommst, wenn Menschen sich öffnen
für deine Botschaft,
sich aufmachen zu dem Einsamen nebenan.
Du kommst, wenn wir dein Mahl feiern,
wenn zwei oder drei sich
in deinem Namen versammeln.
Komm, Herr, und zögere nicht!

Meditation zum 1. Advent

Einmal, dann wird es geschehen,
dann geht die Sonne aus
wie eine Lampe, die erlischt.
Der Mond hört auf zu leuchten.
Die Sterne fallen vom Himmel
wie reife Äpfel vom Baum.
Nichts gibt mehr Halt.
Es ist einfach aus
mit der Welt,
mit uns Menschen.
Schluss.
Und dann?
Was dann?
Finsternis,
in der einer kommt
herrlich leuchtend
mit Boten voll Licht.
Sie holen sich Menschen
zurück aus dem Nichts,
aus dem Dunkeln, dem Tod
und zünden ein Licht in ihnen an,
in den Erwählten.
In mir?
In dir?
In uns?
Wer gibt uns Gewähr?
Sein Wort,

ein Wort des Gottmenschen.
Mag alles versinken
und alles vergehen,
sein Wort bleibt bestehen.
Ich kann überleben,
weil Gott es so will.
Das will ich fest glauben,
ich werd nicht vergehen.
Drum will ich ihm danken,
weil er mich so liebt,
dass ich nicht vergehe
und ewig leb.

Erster Advent

Wir brechen auf mit klarem Ziel.
Der Weg ist weit, der Mühen viel.
Der Glaube gibt uns allen Kraft,
und jeder hofft, dass er es schafft.

Das Ziel ist eine große Stadt,
die Platz für viele Menschen hat.
Dort herrscht der Friede dauerhaft,
den Gottes Liebe für uns schafft.

Es stehen alle Tore offen.
Froh dürfen wir auf Eingang hoffen.
So pilgern wir in großer Schar.
Das Glück ist unser, das ist wahr.

Wir preisen deinen Namen, Herr,
und loben dich von Herzen sehr.
Du gehst mit uns, zeigst uns den Weg.
So bleiben wir auf sich´rem Steg.

Zweiter Advent

Herr, Friede und Gerechtigkeit
sucht unsere Welt seit langer Zeit.
Die Armen finden selten Recht.
Sie sind sehr oft der Reichen Knecht.

Komm du und schaff Gerechtigkeit!
Schenk Frieden uns für alle Zeit!
Dann darf, wer Not hat, endlich hoffen.
Ihm stehen deine Güter offen.

Du hast uns, Herr, dein Wort gegeben.
Es lässt uns zuversichtlich leben.
Wir danken dir zu aller Zeit
und preisen dich in Ewigkeit.

Dritter Advent

Herr, wir warten auf dein Heil.
In der Welt herrscht häufig Not.
Vielen fehlt das täglich Brot.
Unterdrückt und oft gefangen
müssen sie ums Leben bangen.

Herr, wir warten auf dein Heil.
Blinde können nicht mehr sehen,
Lahme keinen Schritt mehr gehen.
Fremde werden fortgejagt,
sind gehetzt und oft geplagt.

Herr, wir warten auf dein Heil.
Arme leben mehr als schlecht
ohne Hilfe, ohne Recht.
Kindern fehlt Geborgenheit,
spüren früh ein großes Leid.

Herr, wir warten auf dein Heil.
Komm, o Herr, und mach ein Ende
diesem Elend, bring die Wende!
Lass die Erde neu erstehen,
Frieden kommen, Unrecht gehen.

Herr, wir warten auf dein Heil.

Vierter Advent

Dein Kommen, Herr, steht uns bevor.
Wir öffnen dir das große Tor,
dass du einziehst in unser Herz
und uns befreist von Not und Schmerz.

Du kommst als Kind in unsere Welt.
Die Krippe wurde aufgestellt.
In Armut kommst du und in Leid,
wie damals so in unsere Zeit.

Wir wollen dir entgegeneilen,
nicht länger ohne dich verweilen.
Wir brechen auf mit Zuversicht.
Der feste Glaube ist uns Licht.

O komm, o komm, du unser Herr,
wir sehnen uns nach dir so sehr.
Komm bald zu uns mit deinem Segen.
Beschütze uns auf allen Wegen.

Stille

Herr, es ist oft laut im Advent.
Die Geschäfte überbieten sich gegenseitig.
Du aber bist in der Stille.
Hilf mir, Zeiten und Orte zu finden,
wo du zugegen bist.
Ohne dich ist das Leben kalt und leer.
Ich sehne mich nach dir,
nach deiner Liebe.
Hilf mir bei meinem Suchen.
Gib mir einen Wink!
Ich meine nicht Weltflucht.
Ich will mich ja stellen
den Aufgaben, die du mir gegeben.
Doch ohne dich kann ich nichts vollbringen,
nichts, was einen wirklichen Wert hat.
Ich will bei dir auftanken,
neue Kraft schöpfen für mein Tun.
„Dein Angesicht, Herr, will ich suchen." (Ps 27,8)

Laudatio

Gott, ich glaube, dass dir nicht egal ist,
was in unserer Welt geschieht.
Es kann nicht sein, dass du uns Menschen vergisst.
Du bist ja die Liebe, sonst wärst du nicht Gott.
Du telefonierst nicht mit uns
aus der Ferne, auf Distanz.
Du kommst zu uns in deinem Sohn.
Sein Name ist Jesus, Sohn der Magd Maria.
In ihm bist du uns nahe, finden wir Heil.
Ich will dir danken, Herr, dich loben
und preisen alle Zeit.
Ich will dein Kommen feiern
in nie endendem Lobpreis
jetzt im Advent.

Der Mann vor der Tür

Fast jeden Tag steht er bei Doners vor der Tür, ein Mann mittleren Alters. Er kommt bei Anbruch der Dunkelheit. Er schellt. Frau Doner öffnet die Tür. Der Mann setzt die schwere Tasche ab, die er offensichtlich den ganzen Tag über mit sich schleppt. Wahrscheinlich befindet sich darin alles, was er besitzt. Er ist ein wenig scheu. Vielleicht kommt er deshalb am Abend. Er bittet bescheiden um Brot oder einen Teller Suppe. Die Mutter des Hauses kann ihm diese Bitte nicht abschlagen, auch wenn er täglich kommt. Er ist besonders dankbar, wenn ihm die Hausfrau mit Hilfe der Mikrowelle etwas Warmes an die Tür reicht. Dort steht auch ein Stuhl, sodass er sich setzen kann.

Neulich hat ihn die Mutter gefragt, wo er denn schlafe. „Ich habe da eine Stelle in der Nähe des Bahnhofs", sagte er, so als ob er ihr ein Geheimnis verrate. Für seine Sachen hätte er noch ein Extraversteck. Bis jetzt habe das noch niemand gefunden.

„Ist Ihre Unterkunft denn eine Lösung für die Dauer?", fragte ihn einmal Frau Doner. „Nein", sagte der Mann, „aber immer noch besser als nichts".

Manchmal möchte die Mutter ihn nach seinem Namen fragen und auch nach seinem früheren Leben. Was hat der wohl gemacht? Welchen Beruf ausgeübt? Hatte er vielleicht eine Familie? Was hat dazu geführt, dass er jetzt wohnungslos ist?

Mutter Doner fragt ihn aber nicht. Irgendwie geniert sie sich. Sie will ihn nicht verletzen.

Nur manchmal denkt sie, ob er nicht der ist, der gesagt hat: „Ich stehe vor der Tür und klopfe an" (Offb 3,20)?

Man kann es nicht wissen, sagt sie sich.

Heilige Nacht

Es lag in der Luft, Herr.
Man konnte es spüren.
Nicht Messgeräte waren es,
die unerwartet ausschlugen
und deine Gegenwart anzeigten.
Es waren die Hirten,
die einfachen Menschen.
Sie spürten, was in der Luft lag.
Den Klugen und Weisen bliebst du verborgen,
den Unmündigen hast du dich offenbart.
Herr, lass auch mich spüren,
dass du bei uns bist in der Heiligen Nacht.
Lass mich glauben, dass wir nicht von dir
verlassen sind.

Weihnachten

Weihnachten, Herr,
nur eine Idylle?
Ein Märchen aus alter Zeit?
Bilder für das Herz,
nicht Fotografie.
Wer weiß, wie es war
und wann?
Es reicht, dass es war,
dein Kommen als Mensch
in unsere Welt,
dein Weg über Krippe und Kreuz
zur Herrlichkeit
mit uns an deiner Hand.
Weihnachten ist unser Glück.

Wie schön, dass du geboren bist

„Wie schön, dass du geboren bist,
wir hätten dich sonst sehr vermisst",
lautet ein bekanntes Geburtstagsständchen,
das häufig von kleinen Kindern gesungen wird.
Könnte das nicht auch ein Lied zu Weihnachten sein?
Das Geburtstagskind ist bekanntlich schon lange groß.
Jesus ist kein Kind geblieben.
Er hat ein Leben gelebt mit Höhen und Tiefen.
Er feierte mit bei der Hochzeit zu Kana,
aß und trank mit seinen Freunden,
heilte Menschen und machte vielen Mut.
Er kündete ein Leben in Fülle an
für alle, die an ihn glauben.
Er blieb Gott treu bis in den Tod,
was uns allen zugute kommt.
Er ist „hinabgestiegen
in das Reich des Todes",
wie wir Christen im Credo bekennen.
Er ist „auferstanden von den Toten".
Er wird einst wiederkommen
und uns zu sich holen (Joh.14,3).
Welch ein Glück für uns!
„Das ewige Leben" wird das größte Weihnachts- und
 Ostergeschenk sein, das alles bisher Erhaltene übertrifft.
Ist da nicht ein dankbares Ständchen angebracht
für den, dem wir das verdanken,
dazu ein entsprechendes Verhalten

durch unsere Liebe hier und heute!?
Wie schön, dass du geboren bist!
„Zu Betlehem geboren
ist uns ein Kindelein.
Das hab ich auserkoren,
sein Eigen will ich sein."

Noch ans Christkind glauben?

Es ist nicht mehr wie früher, dass Eltern ihren kleinen Kindern vom Christkind erzählen, das an Weihnachten die Geschenke bringt. Doch ganz aus der Mode ist das noch nicht gekommen.

Meisters jedenfalls fanden es schön, alle Jahre wieder in ihrer Familie diese Sitte aufleben zu lassen. Natürlich glaubten die ältesten der vier Kinder schon lange nicht mehr an dieses „Märchen". Die Mutter aber hatte gesagt: „Bitte, sagt es nicht der Kleinen, sonst verderbt ihr dem Mädchen das Weihnachtsfest!" Die Größeren erfüllten den Wunsch der Mutter. Immerhin gab ihnen ihr Wissen um das „Geheimnis" ein Gefühl von Überlegenheit. Es machte ihnen einen Heidenspaß, in dem Punkt mitzuspielen. Sie fragten gelegentlich das Nesthäkchen, was ihr das Christkind wohl bringen würde. Manchmal sagten sie auch: „Du musst ganz brav sein, sonst bringt dir das Christkind nichts!" So glaubte die Kleine offensichtlich noch lange an die weihnachtliche Wundergeschichte.

Der Älteste wunderte sich ein wenig, dass dem Geschwisterchen keine Zweifel kamen, denn sie ging ja schon in den Kindergarten, und dort ließen sich solche Geheimnisse nicht lange halten. Es gab immer Kinder, die längst über alles Bescheid wussten.

Eines Tages wagte der Bruder es, die Kleine wegen des Christkinds anzusprechen. „Es gibt Kinder, die gar nicht mehr an das Christkind glauben", sagte er und fügte hinzu, dass er das nicht gut finde. Das Mädchen schaute sich um, ob keiner sie hörte und sagte dann zu ihrem großen Bruder: „Das Christkind bringt gar nicht die Geschenke. Das machen Papa und Mama. Aber verrate mich nicht, sonst verdirbst du den Eltern das Weihnachtsfest!"

Da hatte die Kleine doch tatsächlich den Spieß umgedreht. Sie spielte die Gläubige, um die Eltern nicht zu enttäuschen. Sie brauchten für ihre Weihnachtsfreude die gläubig staunenden Augen ihrer kleinen Tochter, und diese ging auf ihre Wünsche ein, auch wenn sie längst das Märchen durchschaute.

Es dauerte nicht mehr lange, da kamen die Eltern dahinter. Jetzt war es an der Zeit, den Unterschied klar zu machen zwischen dem erdachten Christkind, das die Geschenke gar nicht bringt und dem wirklichen, nämlich Jesus, der in die Welt kam, um uns glücklich zu machen.

Die Eltern wussten: Wenn auch dieser Glaube in der Familie verloren geht, dann hat sie sich Weihnachten wirklich verdorben.

Wie Ochs und Esel träumten

In Brothausen, 6 Kilometer von Jerusalem, stand ein alter Stall. Er gehörte einem Wirt, der in dem Städtchen ganz in der Nähe eine Herberge unterhielt.

In dem Stall standen in der Winterzeit ein Ochse und ein Esel. Durch eine kleine Tür konnten auch die Schafe in den Stall kommen, die meistens draußen lagerten.

Im Holztrog des Stalles lag Heu, damit Ochs und Esel etwas zu fressen hatten. Manchmal reckten auch die Schafe ihren Hals nach oben, um herüberhängendes Heu für sich zu ergattern. Dem Ochsen gefiel das nicht immer. Dann stieß er die Schafe mit seinen Hörnern zur Seite, sodass es ihnen richtig weh tat und sie kräftig meckerten.

Des Nachts war es im Stall immer ganz ruhig. Der Hirt hatte seine Schafe draußen im Gehege eingesperrt, und die Hunde passten für den Fall auf, dass Diebe kommen würden.

Ochs und Esel schliefen im Stall tief und fest. Manchmal waren sie ja auch sehr müde, denn der Wirt spannte sie bei Tag öfters vor einen Karren und ließ sie schwere Lasten ziehen.

Nun können auch Tiere nachts träumen. Manchmal erzählen sich Ochs und Esel am Morgen gegenseitig ihre Träume, falls sie sich erinnern.

Es war kurz vor Weihnachten, dem Fest der Sonnenwende. Da träumte der Esel, dass mitten in dunkelster Nacht ein Lichtstrahl durch das kaputte Dach leuchtete.

Er schaute nach oben und sah einen hellen Stern, wie er ihn noch nie gesehen hatte. Außerdem hörte er Musik.

Irgendwelche Gruppen, die er nicht sehen konnte, sangen etwas von „Ehre", die einem oben in der Höhe gelte und von „Frieden" hier auf der Erde.

Als der Esel am anderen Morgen wach wurde, erinnerte er sich an den seltsamen Traum. Er erzählte ihn dem Ochsen und sagte: „Der Traum war schön, aber leider zu schön, um wahr zu sein."

In der folgenden Nacht war es der Ochs, der einen Traum hatte. Auch er erzählte ihn nach dem Aufwachen. Er hätte aus dem Trog fressen wollen, da hätte plötzlich ein Baby darin gelegen. Ein Mann und eine Frau hätten auf das Kind aufgepasst. Das Kind wäre ganz freundlich gewesen und hätte ihn angelächelt. Da hätte er ganz große Augen gemacht.

Ans Fressen habe er dann nicht mehr gedacht, weil der Anblick des Kindes ihn gesättigt hätte.

Der Esel wunderte sich darüber, weil der Ochs sonst immer so gefräßig war, sagte aber nichts dazu und schwieg, weil ja in den Träumen vieles anders ist als in Wirklichkeit.

Ochs und Esel sollten noch öfters solch erstaunliche Träume haben. Dabei hatten sie das Gefühl, dass irgendwann einmal, vielleicht, wenn sie selbst schon nicht mehr lebten der Ochse geschlachtet und der Esel verreckt –, die wunderschönen Träume in Erfüllung gehen könnten.

Sie haben es tatsächlich nicht mehr erlebt, aber Menschen haben erfahren, dass Träume nicht immer nur Schäume sind sondern wahr werden, selbst wenn sie von einem dummen Ochsen und einem alten Esel geträumt wurden.

Ein neues Jahr

„Mutti, ich bin aber gar nicht gerutscht!", sagte der kleine Alexander am Neujahrsmorgen, als die Familie um einiges später als an anderen Tagen aufgestanden war und sich an den Frühstückstisch setzte. Die Mutter musste lachen. Wieder einmal hatte der Junge alles wörtlich genommen. „Ihr habt uns doch gestern ins Bett geschickt und uns einen ‚guten Rutsch' gewünscht!"
„Ja, ja", sagte die Mutter, „aber das war doch ganz anders gemeint. Ihr solltet natürlich nicht rutschen."
„Was sollten wir dann?", fragte Alexander neugierig.

„Das muss ich dir erklären", sagte die Mutter. „Es geht nicht um Rutschen. Wir benutzen da ein Wort, das aus der Sprache der Juden kommt. Du weißt ja, dass Jesus diese Sprache gesprochen hat. Sie war seine Muttersprache. Da gibt es das Wort ‚Rosch'. Auf Deutsch heißt das Neuanfang. Das Fremdwort Rosch hörte sich aber an wie Rutsch. So kam es, dass die Leute sich an Silvester einen guten Rutsch wünschten. Gemeint war aber ein guter Neuanfang zu Beginn des neuen Jahres, und den wünschen auch wir uns."

„Ach so", sagte Alexander „ich dachte schon, wie soll das gehen mitten in der Nacht?"

„Nein", sagte die Mutter, „jetzt sollen wir neu anfangen. Das neue Jahr bietet dazu eine Chance. Du weißt ja, dass im alten Jahr einiges nicht gut war. Ich denke an die Schule, aber auch an unsere Familie. Es gab Zank und Streit und Dinge, die keinen Spaß machten.

Wir können jetzt neu starten mit neuem Mut."

„Das finde ich Klasse!", sagte Alexander, „mir fällt da auch schon einiges ein, was ich besser machen kann."

„Vielleicht", sagte die Mutter, „können wir uns heute gemeinsam überlegen, was wir im neuen Jahr ändern sollten. Jeder könnte ja etwas vorschlagen."

Da mischte sich der Vater ein, der noch etwas müde wirkte. „Aber nur nicht zu viele Vorsätze!", meinte er und fügte hinzu, dass der Weg zur Hölle mit guten Vorsätzen gepflastert sei. „Du hast Recht", sagte die Mutter, „darum wollen wir uns nicht zu viel vornehmen, sondern nur das, was wirklich wichtig ist."

Alle waren einverstanden, Alexander, Felizitas und die Eltern.

Die Bemerkung von Alexander über den ausgebliebenen Rutsch hatte auf jeden Fall einen guten Anstoß gegeben für ein hoffentlich glückliches neues Jahr.

Drei Könige

Nach Weihnachten wurden in der Gemeinde Kinder als Könige gesucht. Es sollte wieder eine Sternsingeraktion geben. Anfang des Jahres ziehen Kinder als kleine Könige verkleidet durch die Straßen, schellen bei den Leuten an, singen ein Lied und sammeln Spenden für notleidende Kinder in aller Welt. Sie nehmen auch Kreide mit, um die etwas geheimnisvollen Buchstaben C+M+B, ergänzt durch die jeweilige Jahreszahl, an die Häuser zu schreiben. Wahlweise können die Hausbewohner die Schriftzüge auch in Form eines Kärtchens bekommen zum Ankleben über den Hauseingängen. Es sind die Anfangsbuchstaben von dem lateinischen Segensspruch „Christus mansionem benedicat", auf Deutsch: „»Christus segne das Haus".

Den Kindern macht das großen Spaß, auch wenn es manchmal anstrengend wird und das Wetter oft kalt und nass ist um diese Jahreszeit.

Damit die jungen „Sternsinger" auch den Ursprung dieser langen Tradition kennen, wird ihnen in der Vorbereitung die biblische Geschichte von den drei Königen erzählt.

Meistens liest ein Jugendlicher, der auch eine Gruppe führt, aus der Bibel vor. Die Erzählung steht beim Evangelisten Matthäus.

Dominik hatte gut aufgepasst. Nach dem Vorlesen meldete er sich und sagte: „Da steht ja gar nichts von Königen!" Das schlug ein wie eine Bombe. Die Sternsinger waren doch wie Könige angezogen, und dann gibt es die in der Bibel gar nicht? Ein Vater, der sich in der Bibel auskannte, sprang ein und erklärte: „Dominik hat richtig gehört. Da steht nichts von Königen, sondern von Sterndeutern. Heute sagt man: Astrologen. Die hatten einen besonderen Stern gesehen und glaubten, dass irgendwo im Lande ein neuer König geboren sei, einer, der endlich für bessere Verhältnisse sorgen würde. Die waren nun auf der Suche und wurden von dem besonderen Stern geführt, bis sie das Kind Jesus in Betlehem fanden.

Dominik war froh, dass er gut aufgepasst hatte und gab sich mit der Erklärung zufrieden.

Doch dann meldete sich Johanna, die immer sehr kritisch war: „Ist die ganze Geschichte auch wahr? Ich glaub einfach nicht, dass ein Stern mitwandert, wenn Menschen unterwegs sind. Das kommt mir vor wie ein Märchen." Bene protestierte: „Das war schon so, wie es in der Bibel steht! Gott kann eben alles." Jetzt war guter Rat teuer. Da war der Kaplan gefragt, denn er hatte das ja studiert und musste es wissen. „Passt mal auf!", sagte er, „Johannas Zweifel sind nicht unbegründet. Die Bibel ist nämlich kein Geschichtsbuch. Oft will sie nicht sagen, dass etwas genau so war. Vieles muss man im übertragenen Sinne verstehen. Wenn ich zu einem sage: ‚Du hast einen Vogel', dann ist da ja auch kein Federvieh, sondern vielmehr etwas anderes gemeint, nämlich, dass einer nicht ganz klar im Kopf ist. So ist das auch mit dieser Geschichte. Sie steht für den Satz: „Wer sucht, der findet." Wenn einer sich auf die Suche macht, um Jesus im Glauben zu finden, wird Gott ihm wie durch einen Stern den Weg zeigen. Er wird Jesus finden wie die Sterndeuter oder meinetwegen auch Könige. Die Bibel muss man wie Träume oder Legenden richtig deuten, dann versteht man den eigentlichen Sinn."

„Wir sollen also Jesus suchen und finden", sagte schließlich Philipp. „Ja", sagte der Kaplan, „z.B. in den Armen, für die ihr sammelt. Vielleicht helft ihr auch den Leuten, dass die mal wieder an Jesus denken und sich auf den Weg zu ihm machen. Schließlich ist er ja für alle Menschen gekommen, für die von nah und fern. Alle Völker und Rassen will er zu Gott führen. Darum ist ja auch immer einer von euch schwarz."

Jetzt wussten die Kinder Bescheid. Es blieb nur noch eine Frage, die Benjamin stellte: „Und warum heißen die drei Könige Caspar, Melichior und Balthasar?"

„Das sind auch bildhafte Vergleiche", erklärte der Kaplan, „mit einer tiefen Bedeutung wie immer bei Legenden. Vielleicht hat man sich von den drei Buchstaben **CMB** leiten lassen: **C**hristus **M**ansionem **B**enedicat. Wer weiß!"

Die Kinder machten sich auf den Weg, nachdenklich und froh, weil sie jetzt wussten, dass sie mit einer geheimnisvollen Botschaft unterwegs waren.

Afrikatag

In der Stadt leben viele Afrikaner. Sie sind als Asylbewerber aus den verschiedensten Ländern des schwarzen Kontinents nach Deutschland gekommen. Manche sprechen Englisch, andere wiederum Französisch.
Mit der deutschen Sprache haben sie noch ihre Schwierigkeiten. Da sie in ihren Unterkünften, häufig Containern, meistens unter sich sind, haben sie nur wenige Möglichkeiten, durch Kontakt mit Deutschen die Sprachkenntnisse zu verbessern.

Zum Glück gibt es in der Gemeinde Heilig Kreuz eine Gruppe von Christen, die sich um die Asylanten kümmert. Zwei Mitglieder können auch sprachlich helfen, weil sie Englisch und Französisch sprechen.

Die meisten der jungen Leute aus Afrika sind katholisch. Man sieht sie gelegentlich sonntags in der Kirche. Auch der Pfarrer hat schon Kontakte zu ihnen aufgenommen.

Überrascht war er, als einige Vertreter vor dem Neujahrstag darum baten, in der Kirche eine Gebetsstunde abhalten zu dürfen. Es sei bei ihnen Sitte, am ersten Tag des Jahres um Frieden zu beten und um Gottes Segen für das neue Jahr.

Der Priester konnte es ihnen nicht abschlagen, obwohl er nach dem üblichen Feiertagsstress ganz gerne frei gehabt hätte. Dem Küster einen weiteren Dienst aufbürden, wollte er nicht. Der hat ja schließlich noch Familie und an den Festtagen genug Arbeit in der Kirche gehabt. Da musste er schon selber da sein.

Am Nachmittag kamen die Afrikaner mit Kind und Kegel, 25 an der Zahl. Sie hatten auch eine Trommel mitgebracht. Es dauerte nicht lange, da beteten sie mit Leib und Seele. Vor allem bei den Liedern war ihr Körper miteinbezogen. Es war eine Art Schunkeln, Arme und Hände zum Himmel erhoben, so als ob die Hilfe von oben zu greifen wäre. Das „Kumbaya my Lord" war dem Pastor sogar vertraut. Alles andere war ihm natürlich sehr fremd. Es beeindruckte ihn aber.

Er bekam ihre Sehnsucht nach Frieden mit.

Schließlich baten sie den Priester um seinen Segen. Der war ihnen offensichtlich wichtig. Afrikaner haben ein besonderes Verhältnis zu Riten. Zu Worten müssen auch Zeichen kommen.

Spontan lud der Pfarrer die Afrikaner nach ihrem Gebet ins Pfarrheim ein. Dort gab es Getränke und noch Gebäck von einer Silvesterfeier. Das Ganze konnte in einer fröhlichen Art ausklingen. Es war ein wunderschöner Afrikatag geworden.

Der kleine Seiltänzer

Es war im Januar. Abends wurde es schon früh dunkel. Da gab es in einer Stadt eine kleine Attraktion. Sie wurde durch Plakate angekündigt. „Seiltanz auf dem Altmarkt!" war zu lesen. Auch in der Zeitung hatte es einen Hinweis gegeben. Um 20.00 Uhr begann die Vorstellung.

Familie Zanka, Eltern und drei Kinder, ging hin. Ein Seil war in schwindelnder Höhe über den Platz gespannt. Die Feuerwehr war da und auch das Rote Kreuz. Man konnte ja nie wissen. Auch die Polizei war präsent.

Ein Strahler mit grellem Licht war auf das Seil gerichtet. Es gab einen Trompetenstoß. Dann richteten sich die Augen der Zuschauer auf das Seil. An dem geöffneten Fenster, an dem der Anfang des Seils befestigt war, zeigte sich der angekündigte Seiltänzer, um auf das Seil zu steigen. Die Leute applaudierten.

Doch dann gab es eine Überraschung: Im Augenblick, als der Künstler mit seinem Kunststück beginnen wollte, drehte er sich um und erblickte einen kleinen Jungen, der ihm nachgestiegen war. „Was willst du denn hier oben?", fragte er erstaunt den Jungen. „Ich möchte mit dir über das Seil!", antwortete der. „Hast du denn keine Angst?", fragte ihn der Seiltänzer. „Nein, wenn ich bei dir bin, habe ich keine Angst!", entgegnete ihm der kleine Kerl.

Daraufhin hob der Mann das Kind auf seine Schultern und ging ganz behutsam über das Seil. Um aber das Kind abzulenken von der Tiefe, der Dunkelheit und der Gefahr, aus Angst abzustürzen, sagte er zu dem Jungen: „Schau doch, wie schön dort oben die Sterne leuchten!" Und solange der Knabe in den Glanz der leuchtenden Sterne am Himmel schaute, dachte er nicht an die dunkle Gefahr in der Tiefe und ließ sich gelassen über das Seil tragen.

Atemlos hatte die Menge zugeschaut. Am Ende aber atmete sie auf, und es gab tosenden Beifall. Jedem aber war klar geworden, worin des Rätsels Lösung bestand: in dem Blick zu den Sternen.

Die Versehlampe

In der Familie Herzek warf ein großes Ereignis seine Schatten voraus. Die goldene Hochzeit stand bevor. Es sollte in der Kirche einen Dankgottesdienst geben, natürlich mit der ganzen Familie. „Mit Kind und Kegel", hatte der Großvater gesagt.

Eine Woche vorher kam der Pfarrer zu Besuch, um den Festgottesdienst zu besprechen. Er fiel natürlich nicht mit der Tür ins Haus. Man unterhielt sich zunächst über das Wetter und auch über den Sport. Bevor man dann zur Sache kam und ein wenig die Biografie der beiden Jubilare besprach, fiel der Blick des Pfarrers auf eine Lampe, die auf einem Schränkchen stand.

„Ist das nicht eine Versehlampe?", fragte der Geistliche. „Freilich!", sagte Franz Herzek, „sie ist aus Schlesien, unserer Heimat." Der Pfarrer spürte, dass den beiden diese Lampe etwas Besonderes bedeutete und bat darum, zu erzählen, was es mit dieser Lampe auf sich hat.

Gertrud Herzek überließ das Sprechen ihrem Mann. Der fing nun an und blickte dabei zurück in eine schreckliche Zeit. Bis zum Ende des Krieges lebte die Familie in Schlesien, nicht weit von dem bekannten Annaberg. Es war eine schöne Gegend. Die Menschen lebten in Frieden, und niemand hätte daran gedacht, dass sie einmal ihre geliebte Heimat verlassen müssten.

Herzeks wohnten damals direkt neben dem „Pfarrhof". Der Pfarrer hatte neben seiner Tätigkeit als Seelsorger der Dorfgemeinde auch noch eine kleine Landwirtschaft.

Franz erinnerte sich, wie der Pastor gelegentlich sogar selber pflügte. Er konnte die Bauern gut verstehen. Er war ja gewissermaßen selber einer von ihnen.

Franz erinnerte sich, dass sein Vater öfters nachts vom Pfarrer geweckt wurde. Der musste dann den Pastor auf dem Weg zu einem Kranken begleiten und dabei die Versehlampe tragen.

„Wenn der Pfarrer die Kommunion zu einem Kranken brachte, verbunden mit der Krankensalbung, damals sagte man ‚Letzte Ölung', musste immer ein Licht mitgenommen werden. So wussten die Leute, die vielleicht etwas neugierig durch ihr Fenster schauten, dass ihr Pastor mit dem Heiland unterwegs war."

„War das dann diese Lampe?", fragte ihr jetziger Pfarrer. „Ja, das war diese Lampe", antwortete Franz. „Sie stand zuletzt bei uns. So hatte mein Vater sie immer zur Hand, wenn der Pastor klopfte."

Dann fuhr er fort: „Als dann die Russen kamen und uns vertrieben, hat Vater die Lampe mitgenommen. Er nahm auch einige Kerzen mit und Streichhölzer. Auf der Flucht übernachteten wir in Scheunen, Kuhhütten oder sonstigen Notunterkünften, manchmal auch einfach draußen, wenn wir nichts anderes fanden. Und dann hat mein Vater immer die Versehlampe genommen, die Kerze angezündet und an einer sichtbaren Stelle aufgestellt. Eine Hostie hatten wir natürlich nicht mit. Aber das rote Licht erinnerte uns immer an den Heiland. Das beruhigte die Leute. Sie spürten durch die Lampe, dass sie in all ihrer Not doch nicht von Gott verlassen waren. Viele schöpften dadurch

Hoffnung und Kraft, um das Schreckliche, den Hunger und die Kälte, zu überstehen.

Das alles ist nun schon lange her. Doch die Versehlampe blieb in unserer Familie. Wir zünden sie nicht jeden Tag an, aber immer wenn es bei uns eine Sorge gibt, eine Krankheit oder auch einen Sterbefall. Auch beim Tod unserer Eltern hat sie gebrannt.

An Lichtmess kommen immer die Kinder mit den Enkeln zu uns, um die Weihnachtszeit abzuschließen. Früher war das Fest ja das Ende des weihnachtlichen Festkreises. Dann zünden wir die alte Versehlampe aus der Heimat Schlesien an und hören den alten Simeon mit Blick auf Jesus sagen: „Licht zur Erleuchtung der Heiden und Herrlichkeit für das Volk Israel".

Der Pfarrer hatte gut zugehört. Die Geschichte hatte ihn sehr angerührt. Man sprach noch ein wenig über die Familie. Dann verabschiedete sich der Pastor.

Bei der goldenen Hochzeit griff er die Geschichte auf und wünschte sich, dass Menschen sich auch heute begleitet wissen von dem Licht, das unser Leben für immer hell macht.

Das Lachen der Gläubigen

In der Kirche geht es oft sehr ernst zu. Obwohl dort die Frohe Botschaft verkündet wird, sieht man die Christen kaum lachen.

Es wird erzählt, dass ein Junge seinen Vater einmal gefragt habe, warum der Pastor eigentlich immer ein so ernstes Gesicht mache. Der Vater habe geantwortet: „Vielleicht hat es sich beim Pastor noch nicht herumgesprochen, dass Jesus von den Toten auferstanden ist!"

Zum Glück sind die Gottesdienstbesucher nicht immer nur ernst. Manchmal gibt es sogar ein unverhofftes Lachen wie zum Beispiel in folgender Geschichte:

In St. Michael gab es einen Kindergottesdienst zum Thema „Liebt einander!" (Joh 13,34).

Ein Kreis von Müttern hatte sich dazu einiges ausgedacht. Es gab ein Anspiel, das eine Familie im Streit zeigte. Es kam darin zu heftigen Auseinandersetzungen. Schließlich endete die Sache aber mit einer Versöhnung. Alle Familienmitglieder, Eltern, Kinder – einschließlich Oma – hatten sich am Ende wieder richtig lieb. In seiner Kinderpredigt erläuterte der Pfarrer dann den Kindern das Hauptgebot der Liebe.

Bei der Austeilung der Kommunion kamen dann auch die kleineren Kinder nach vorn. Sie wurden gesegnet und erhielten ein schönes rotes Herz aus festem Papier. Die Kinder sollten es mitnehmen, vielleicht in ihrem Zimmer anbringen und immer daran denken, wie wichtig es ist, für andere ein Herz zu haben. So weit, so gut.

Der Gottesdienst ging zu Ende, und der Priester zog mit den Messdienern zur Sakristei.

Da kam ein Kind ganz aufgeregt zu ihm und sagte ziemlich traurig: „Ich hab mein Herz verloren!"

Der Pastor konnte das Kind trösten. Er hatte nämlich in der Sakristei noch einige Herzen in Reserve. Er gab dem Kind ein neues. Der Junge nahm das Herz in Empfang, schaute den Pfarrer an und sagte ziemlich leise, weil nicht alle es hören sollten: „Ich habe nämlich eine Freundin. Die will ich heiraten, wenn ich groß bin. Aber nicht ohne Herz!"

Der Pfarrer musste lachen, sagte aber dem Kind, wie sehr es Recht habe.

In der Gemeindemesse, die etwas später stattfand, brachte der Priester das Erlebnis mit dem Kind und dem verlorenen Herzen in seiner Predigt mit ein. Die Gläubigen mussten laut lachen. Offensichtlich hatten sie Spaß an der Vorstellung des kleinen Jungen. Der Pfarrer brauchte nur noch hinzuzufügen: „Vielleicht haben alle begriffen: Heiraten sollte man nicht ohne Herz, und auch sonst sollte man nichts unternehmen, ohne mit dem Herzen dabei zu sein."

Zehn kleine Christen

In St. Heinrich dürfen die Kinder zu Karneval bunt gekleidet in den Familiengottesdienst kommen. Anfangs gab es deshalb Diskussionen in der Gemeinde. Ein Erzkonservativer schrieb deshalb sogar an den Bischof. Zum Glück reagierte der gelassen. Immerhin waren Karnevalisten mit ihren bunten Fahnen und Kappen sogar zu einem feierlichen Gottesdienst in den Dom gekommen.
Den Kindern machte das Singen des umgedichteten Lieds besonders viel Freude, zumal sie es auch darstellten.

Ein Lied zum Karneval

Zehn kleine Christen am Kirchgang sich erfreun.
Der eine hat die Lust verlorn, da waren's nur noch neun.

Neun kleine Christen hab'n weiter mitgemacht.
Doch einer mocht den Pfarrer nicht, da waren's nur noch acht.

Acht kleine Christen den Glauben sehr wohl lieben.
Doch einer fing zu zweifeln an, da waren's nur noch sieben.

Sieben kleine Christen, beim Beten nie perplex.
Doch einer fand das langweilig, da waren's nur noch sechs.

Sechs kleine Christen, des Pfarrers beste Trümpf´.
Doch einer machte nicht mehr mit, da waren's nur noch fünf.

Fünf kleine Christen, der Pfarre schönste Zier.
Doch einer liebt den Sport viel mehr, da waren's nur noch vier.

Vier kleine Christen war'n immer noch dabei.
Doch einem war's bald einerlei, da waren's nur noch drei.

Drei kleine Christen, beim Singen richtig high.
Doch einer mag die Lieder nicht, da waren's nur noch zwei.

Zwei kleine Christen, die setzten sich noch ein.
Doch einer hielt die Treue nicht, ein letzter blieb allein.

Der kleine Christ nun rief seinen Freund herbei.
Er wollte nicht alleine sein, da waren's wieder zwei.

Zwei kleine Christen da und dort und hier
bewährten sich als Missionar, da waren's wieder vier.

Vier kleine Christen, das wäre ja gelacht,
gewannen schnellstens vier dazu, da waren's wieder acht.

Acht kleine Christen, ihr werdet es noch sehn.
Wenn du und ich hinzukommen, dann sind es wieder zehn.

Eine Büttenpredigt am Karnevalssonntag

Jedes Jahr hält mancher Pfarrer am Sonntag in der Karnevalszeit eine Büttenpredigt. Er setzt dabei eine Narrenkappe auf, und auch die Kirche ist an dem Tag mit Luftschlangen dekoriert, wie es eben in der närrischen Zeit üblich ist.

Als Beispiel soll hier die närrische Auslegung des Evangeliums von der Heilung des Aussätzigen (Mk 1,40-45) dienen.

Was sind wir häufig doch für Narren

Ein Mann, vom Aussatz übersät,
für jede Hoffnung schon zu spät,
lief eilig einst dem Herrn entgegen.
Er tat es seiner Heilung wegen.

Er warf sich fromm auf seine Knie
und bettelte so wie noch nie:
„Herr, wenn du willst, kannst du mich heilen,
bevor der Tod mich wird ereilen!"

Der Herr sah ihn voll Mitleid an,
berührte ihn und sagte dann:
„Ich will, sei rein, mein lieber Mann!
Ich gebe, was ich geben kann."

Der Aussatz war sofort verschwunden,
der diesen Menschen so geschunden.
Dann sagt der Herr: „Auf Wiedersehn!"
Er solle noch zum Priester gehn.

Der führte das Gesundheitsamt,
damit kein Mensch etwas verschlammt.
Die Heilung wird dort registriert.
Exakt genau wird sie notiert.

Der Mann sollt keinem was erzählen.
Man würde die Verfolgung wählen.
Die Obern wollten Jesus töten,
weil er am Sabbat half aus Nöten.

Doch leider konnt' der Mann nicht schweigen.
Er wollte einfach allen zeigen,
dass er gesund geworden war
durch Jesu Wort so wunderbar.

So musste Jesus sich verstecken,
in kleinen Orten hinter Hecken.
Doch kamen dorthin ganze Scharen,
die voll von ihm begeistert waren.

Die Sach´ ist heute umgekehrt.
Um Jesus mancher sich nicht schert.
Man schweigt und tut den Mund nicht auf.
Die Botschaft nimmt nicht ihren Lauf.

Stattdessen redet man von Dingen,
die schlecht und negativ nur klingen.
Was sind wir häufig doch für Narren,
dass wir in solchen Trends verharren!

Der Herr hat uns das Heil geschenkt,
hat unser Leben gut gelenkt.
Er hat befreit uns von den Sünden.
Das sollten wir der Welt verkünden.

Ob Fasten- oder Narrenzeit,
ein guter Christ ist stets bereit,
den Menschen Gottes Wort zu bringen.
Dazu sollt jeder sich aufschwingen.

Ich wünsch euch heut im Karneval
viel Spaß und Freude überall.
Vergesst jedoch bei allem Toben
den Herrgott nicht im Himmel droben!

Statt Amen ruf ich jetzt Helau!
Mit Lachen schließ ich, ganz genau.
Zur Freude sind wir auserwählt.
Humor ist, was bei Christen zählt.

Lachen

Lachen ist gesund.
Humor ist,
wenn man trotzdem lacht.
Hat Jesus gelacht?
Laut Bibel hat er mehrfach geweint,
aber gelacht?
Wir können darauf schließen.
Auf der Hochzeit zu Kana
wurde gelacht.
Was denn sonst?
Jesus war mit von der Partie.
Jesu Gleichnisse enthalten oft
Witz, Ironie und Humor.
Da hatte er die Lacher auf seiner Seite.
Lachen gehört zum Menschen.
Jesus war Mensch.
Das geht nicht ohne Lachen.
Sein Evangelium ist Frohbotschaft
und kein Grund zum Weinen.
Christsein ohne Humor wäre widersinnig.
Merke es dir und vergiss das Lachen nicht!

Rosenmontag

Es geht nicht um Rosen.
Das Wort kommt von Rasen,
von Tollen, Verrücktspielen.
Es kommt die Zeit,
sich einzuschränken,
sich zu beherrschen,
vernünftig zu sein,
sich zu besinnen,
zu fasten.
Zuvor tut Ausgelassenheit gut,
aus sich herausgehen,
um neu bei sich einzukehren.
Wer nie verrückt ist,
ist auch nie gescheit.
Nicht über die Stränge, nein!
Sünde ist auch im Karneval
nicht erlaubt!
Aber einmal ein anderer sein,
ein Narr, ein Witzbold,
leben in einer fremden Rolle,
das braucht der Mensch,
um wieder zu sich selber
zu kommen.
Rosenmontag feiern,
eine Chance,
wenn später der Weg zum
Wesentlichen nicht ausbleibt,
der Weg zu Gott,
der Quelle des Lebens.

Aschermittwoch

Stimmungswechsel.
Gestern noch Ausgelassenheit,
buntes Treiben,
heute Stille.
Asche aufs Haupt
oder als Kreuz auf die Stirn:
Du bist vergänglich!
Vergiss es nicht!
Staub!
Achte auf das, was bleibt,
wenn du zu Staub wirst!
Glaub an das Evangelium,
und du wirst leben
über den Tod hinaus!
Das ist keine Erfindung,
das ist zugesagt
von dem, der den Tod überwand.
Bereite dich vor auf Ostern!
Es lohnt sich.
Sondiere dein Leben:
Was hat am Ende Bestand,
was nicht?
Was zählt bei dem,
der uns richtet?
Es wird die Liebe sein.

Ramadan

In einer Stadt im Ruhrgebiet leben wie in vielen Städten Deutschlands zahlreiche Muslime. Die meisten kommen ursprünglich aus der Türkei. Als der Bergbau noch florierte, hat man viele angeworben, weil einheimische Bergleute nicht mehr in ausreichender Zahl zur Verfügung standen. Natürlich haben sie ihre Religion mitgebracht, den Islam, den sie häufig auch sichtbar praktizieren. Besonders deutlich wird das in ihrem Fastenmonat Ramadan.

Arbeiter und Angestellte bekommen mit, dass ihre türkischen Kollegen während des Tages nicht essen und trinken. Das ganze Jahr über halten viele von ihnen die vorgeschriebenen Gebetspausen ein und werfen sich dabei auf den Boden. Christen sind dann häufig seltsam berührt. Sie selbst zeigen in aller Regel keinen sichtbaren Ausdruck für den eigenen Glauben. Wenn einer in der Kantine vor dem Essen ein Kreuzzeichen macht, hält man ihn für einen Spinner.

Nun gab es in der Stadt eine Tagung der christlich-islamischen Gesellschaft. Im großen Saal des Rathauses gab es Vorträge von beiden Religionen. Schließlich sollte man mehr voneinander wissen. Das würde auch das friedliche Zusammenleben aller fördern.

Die Muslime hatten rechtzeitig darauf hingewiesen, dass sie pünktlich um 18.00 Uhr ihr Gebet sprechen müssen. Als der christliche Referent um 18.00 Uhr einfach weiterredete, weil er noch nicht mit seinen Ausführungen fertig war, standen die Muslime auf, gingen in den Vorraum, knieten sich tief verbeugt in Richtung Mekka hin und beteten. Der Redner im Saal war ein wenig irritiert und fragte: „Was machen wir jetzt?"

Ein Pastor unter den Teilnehmern sagte: „Wir können den Angelus beten, dazu läuten gerade die Kirchenglocken!"

Die verbliebenen Christen lachten, weil sie glaubten, der Geistliche wolle einen Witz machen.

Niemand nahm den Vorschlag ernst.

In der Diskussion nach dem Vortrag, als alle wieder zusammen waren, tauchte der Vorschlag zum Angelusgebet wieder auf. Ein Teilnehmer sagte: „Ist es nicht eine Schande, dass wir Christen nicht den Mut aufbringen, wie die Muslime zu unserer Glaubenspraxis zu stehen? Wir sprechen vom christlichen Abendland und sollten uns fragen, was eigentlich davon geblieben ist!" Ein anderer ergänzte den Beitrag: „Den Ramadan spüren wir alle, weil die Muslime ihn halten, von der Fastenzeit der Christen ist nur noch wenig zu sehen. Ein Muslime weiß, warum er fastet: Er möchte frei werden für Allah. Wer aber von den Christen weiß, dass er sich in der Fastenzeit öffnen soll für Gottes Wort?"

Auf einmal war die Tagung nicht mehr nur der Theorie gewidmet, sondern der Frage nach der jeweiligen Glaubenspraxis.

Fasten

Es wird neu entdeckt,
das Fasten.
Es geht um die Pfunde.
Im Norden zu viele,
im Süden zu wenig,
ein Weltproblem.
Ausgleich tut Not.
Abnehmen,
um gesund zu bleiben
oder zu werden,
das wäre schon gut.
Doch reicht das nicht.
Fasten meint mehr,
meint Umkehr,
anders leben.
Leben nicht nur von Brot,
sondern vom Wort,
das einer spricht,
der Leben schenkt,
Leben in Fülle.
Fasten gibt meinem Leben
Richtung und Ziel.
Ich reise mit leichtem Gepäck,
gebe ab, was anderen fehlt,
das tägliche Brot
als Weg aus der Not.
Fasten lässt mich
das Glück erspüren,
das einst auf mich wartet.

Abhängig

In der letzten Zeit hatte der Pfarrer ihn nicht mehr gesehen, jenen alten Mann, der früher immer so gesellig und lustig war. Bei Geburtstagsfeiern trug er selbstverfasste Gedichte vor und erheiterte die Gesellschaft durch den einen oder anderen Witz. Er trank auch gerne einen mit, manchmal auch einen zu viel, sodass er öfters ein wenig schwankend nach Hause ging. Doch niemand hatte sich darüber weitere Gedanken gemacht. Schließlich wurde er schon länger nicht mehr in der Öffentlichkeit gesehen. Es war still um ihn geworden.

Manchmal hatte sich der Pfarrer die Frage gestellt, ob er nicht einmal nach ihm schauen sollte durch einen Hausbesuch. Doch dann drängten sich wieder andere Aufgaben in den Vordergrund, sodass er ihn schließlich vergaß. Es gab auch niemanden, der ihn an den Mann erinnert hätte.

Nun aber meldeten sich seine Angehörigen im Pfarrhaus per Telefon. Schon an der Stimme der Tochter merkte der Pfarrer, dass es sich um etwas Trauriges handeln würde. Der Vater sei gestorben, hörte er dann, ob er nicht kommen könne. Er bat die Pfarrsekretärin, bestimmte Leute anzurufen, um einen Termin, der in seinem Kalender stand, zu verlegen und fuhr zum Trauerhaus.

Das Gespräch entwickelte sich nur langsam. Niemand wollte gern darüber sprechen, dass der Verstorbene die letzten Jahre immer mehr dem Alkohol zugesprochen hatte. Auch eine Menge Tabletten seien hinzugekommen.

Beim Frühstück hätte er die Kaffeetasse nicht mehr halten können, wenn er nicht vorher einen Schluck aus der Flasche genommen hätte.

Dem Pfarrer war klar, dass der Vater abhängig war. Die Sache hätte sich allmählich entwickelt, sagte seine Ehefrau. Er hätte immer schon gerne Alkohol getrunken, aber schlimmer sei es erst seit der Pensionierung geworden und dann, als er den Vorsitz im Verein abgegeben habe. „Er kam sich oft so überflüssig vor", sagte seine Frau.

Dann erzählte sie, dass sie sein Trinken immer gedeckt hätte. Wenn er betrunken im Bett lag, um seinen Rausch auszuschlafen, habe sie anderen Herzbeschwerden vorgelogen. Der Pfarrer konnte sie verstehen. Wer plaudert schon gerne aus der Schule? Er wusste aber auch, dass dieses Verhalten der Frau falsch war und die Sucht nur förderte. Das hatte er von einem Suchtberater gehört, der von „koalkoholischem Verhalten" sprach. Davon länger zu sprechen, war jetzt zu spät. Man konnte es ja nicht mehr ändern, der Vater war tot. Er hatte die Leber durch den Alkohol ruiniert.

Der Seelsorger fragte sich, ob man nicht wenigstens anderen etwas von diesem falschen Weg erzählen sollte. Weiter lügen führt nur dazu, das Problem Sucht besonders im Alter zu verdrängen. Darum ließ er bei der Traueransprache etwas durchblicken, nicht anklagend, aber erklärend. Er sagte, dass es nicht einfach sei, das Alter sinnvoll zu gestalten, und dass der Griff zur Flasche keine Lösung sei. Es gäbe auch Hilfen, die man bei Abhängigkeit in Anspruch nehmen solle.

Noch lange beschäftigte die Predigt des Pfarrers die Trauergäste.

Seelenspeise

Die Ruhe und die Stille
sind Mangelware heut,
wenn nicht dein fester Wille
den großen Rummel scheut.

Du wirst es noch erleben,
dass deine Seele krankt.
Du kannst nicht ständig geben.
Hör, was dein Herz verlangt!

Du lebst nicht nur von Brot,
denn du bist nicht nur Leib.
Gott hält in deiner Not
sein Wort für dich bereit.

Du musst es wirklich essen
tief in den Bauch hinein.
Erst wenn es da gesessen,
wird's deine Heilung sein.

Brotmeditation zu Gründonnerstag

Jesus nimmt Brot in seine Hände
und benutzt es, um sich selber den Menschen zur Speise
zu geben.

Warum gerade Brot?
Vielleicht, weil es ein so genanntes Grundnahrungsmittel ist?
Unser tägliches Brot gib uns heute!
Vielleicht will er damit sagen:
So wie du das tägliche Brot brauchst, um am Leben zu bleiben, so brauchst du auch mich, um das wahre Leben zu erhalten.

Vielleicht hatte es aber auch noch einen anderen Grund.
Brot – das hört sich so beiläufig und selbstverständlich an.
Aber – was muss alles geschehen, bis so ein Brot gereicht werden kann?
Hat es nicht eine lange und auch harte Vorgeschichte?

Sie fängt damit an, dass hunderte von Weizenkörnern in der Erde sterben mussten. Dieses Sterben war jedoch kein Untergang: Neues Leben in viel größerer Fülle ging aus den Körnern hervor. Halme wuchsen mit den Ähren und Körnern in die Höhe. Und wieder kam der Tod und mähte alles ab. Die Ähren wurden gedroschen – ein rauer Vorgang. Härte auch beim Mahlen, unerträgliche Hitze im Ofen.

Wenn Jesus Brot nimmt als Zeichen seiner großen Liebe, dann will er vielleicht auch daran erinnern, an den Zusammenhang von Liebe, Leid und Tod.

Er selber musste diesen Zusammenhang erfahren, grausam genug war seine Leidensgeschichte.

Und am Ende wurde er wie ein Weizenkorn in die Erde gelegt, um nach drei Tagen hervorzugehen als Bringer des Lebens.

Brot – Erinnerung an die Liebestat Jesu,

Brot – Kraftquelle, auch für andere „Brot" zu sein, so wie Brot nach seiner rauen Vorgeschichte in der Eucharistie nichts anderes ist als die zu Brot gewordene Liebe Jesu.

Gebet am Morgen

Herr, es ist Morgen.
Ich habe geträumt,
einiges von gestern verdaut.
Mein Magen ist leer.

Da ist Raum für Neues.
Bevor ich meinen Leib
mit Speisen fülle
und auch meinen Kopf
mit Gedanken an die Arbeit,
wende ich mich dir zu.

Schenke mir dein Wort
als Speise für meine Seele,
als Richtschnur für mein Tun.
Hauch deinen Geist in meine Leere,
damit ich dein Abbild werde,
ein neuer Mensch für diesen Tag.

So kann ich gestärkt
durch diesen Tag gehen
und ihn gestalten mit deiner Kraft.

Tischgebet

Herr, lass uns an dich denken,
der du uns willst beschenken.
Du gibst uns täglich Brot.
Wir leiden keine Not.

Lass uns Gemeinschaft pflegen.
Gib du uns deinen Segen;
dann wird dies Mahl uns stärken
im Glauben und in Werken.

Ein Kreuz auf dem Weg

Die Familie hatte im Rahmen einer Städtepartnerschaft mit Frankreich eine Mutter mit Kind aus Paris für das Wochenende aufgenommen. Neben der Gewährung von Unterkunft und Verpflegung war es üblich, den Gästen auch die eine oder andere Sehenswürdigkeit zu zeigen.

Es wurden Vorschläge gemacht. Da ihre Gäste am Sonntagmorgen nicht mit in die Kirche gegangen waren und diesbezüglich keine Hinweise kamen, schloss man die Besichtigung einer Kirche vorsichtshalber aus.

Die Mutter aus Frankreich wünschte sich einen Ausflug ins Grüne, verständlich, wenn jemand die grauen Mauern zu Hause für einige Tage verlassen hat.

Nicht weit entfernt vom Wohnort der deutschen Familie gab es ein wunderschönes Naturschutzgebiet. Dorthin ging also die Reise. Auch die beiden Kinder fuhren mit.

Die Wanderung durch den Wald auf gut angelegten Wanderwegen machte allen viel Freude.

Hier und da kam man an einem etwas versteckten Bauernhof vorbei. Die Tiere auf den Weiden erregten besonders die Aufmerksamkeit des achtjährigen André aus Paris. Es gab Schafe, Ziegen und andere Tiere. Einige kamen sogar bis zum Zaun und ließen sich von den Spaziergängern streicheln.

Die Unterhaltung klappte auch ganz gut. Mal versuchte man es mit der einen Sprache, mal mit der anderen. Notfalls konnte man ja noch Hände und Füße zu Hilfe nehmen.

Wenn André etwas nicht kannte, fragte er: „Qu'est-ce que c'est? – was ist das?"

Seine Mutter erklärte ihm immer alles, und wenn sie etwas nicht wusste, halfen die deutschen Gastgeber aus.

Schließlich geschah etwas Überraschendes: Die Gruppe kam an einem Wegekreuz vorbei.

An der Einfahrt zu einem Hof befand sich in ziemlicher Größe dieses religiöse Zeichen mit einer gut geschnitzten Christusfigur. André schaute hinauf und wollte dann wieder wissen, was das sei. Offensichtlich war er mit Kreuzen nicht vertraut.

Da seine Mutter schwieg, begann die deutsche Mutter, ihm das Kreuz zu erklären.

Sie sagte: „Das ist Jesus." Er wollte dann wissen, was man mit diesem Jesus gemacht habe.

„Man hat ihn getötet!", sagte die Gastgeberin. Dann aber schaltete sich Andrés Mutter ein. „Entschuldigung", sagte sie, „wir erzählen unseren Kindern solche Grausamkeiten nicht!"

Energisch nahm sie den Jungen bei der Hand und zog ihn von dem Ort weg.

„Aber Mutter!", sagte er noch auf Französisch. „Nein", sagte sie, „das ist nichts für dich!"

Die Gastgeber respektierten den Elternwillen und sprachen über den Vorfall nicht weiter.

Betroffen fragten sie sich: Wie wird dieses Kind einmal mit Leid umgehen können? Wie soll es erfahren, dass der Tod durch Auferstehung überwunden wird? Die Gastgeberin hätte ihm gerne noch etwas über Ostern erzählt, doch dazu kam es nicht.

Eine Krankensalbung

Eine ehrenamtliche Mitarbeiterin des stationären Hospizes hatte den Priester angerufen:
„Können Sie um 18 Uhr kommen, um einer Bewohnerin die Krankensalbung zu spenden? Dann können auch die Angehörigen dabei sein."
Der Priester konnte zu diesem Zeitpunkt kommen.

Er war schon häufiger im Hospiz gewesen und mit den Räumlichkeiten vertraut.

Es war immer eine besondere Atmosphäre. Die Ausstattung war so, dass man das Gefühl haben konnte: Hier kann man leben. Schon oft haben Besucher diese Erfahrung gemacht und das Bedrückende, das häufig mit Krankheit und Tod verbunden ist, überwunden.

Der Priester betrat zusammen mit der Betreuerin der schwer kranken Frau, die nur noch eine kurze Lebenszeit vor sich hatte, das Zimmer. Es war gemütlich eingerichtet. Der Seelsorger hätte sich auch vorstellen können, dass er bei der Kranken zu Hause war.

Tochter, Schwiegersohn und Enkelin der alten und kranken Frau umsäumten das Bett.

Alle begrüßten sich. Der Priester gab der Kranken die Hand: „Sie kennen mich ja", sagte er, „ich muss mich Ihnen nicht mehr vorstellen." Dann wandte er sich der Kranken zu: „Ich möchte Ihnen die Krankensalbung spenden", sagte er, „Jesus will Ihnen nahe sein!"

Die Kranke nickte und sagte so etwas wie „Ist gut."

Der Priester sprach ein kurzes Gebet. Dann las er aus der Bibel die Stelle vor, in der Jakobus empfiehlt, den Kranken die Hände aufzulegen und sie zu salben. Er bestrich Stirn und Hände der Kranken mit geweihtem Öl und fügte die Worte hinzu: „Durch diese heilige Salbung helfe dir der Herr in seinem reichen Erbarmen. Er stehe dir bei mit der Kraft des Heiligen Geistes. Amen." Es folgte noch der Satz: „Der Herr, der dich von Sünden befreit, rette dich, in seiner Gnade richte er dich auf! Amen."

Die Kranke zeigte sich ergriffen. Ihre Augen waren feucht. Es war aber wohl nicht nur die Trauer darüber, dass ihr Leben bald zu Ende gehen würde, sondern auch verhaltene Freude, weil sie noch etwas erwartete.

Als dann der Priester das Lied „Maria, breit den Mantel aus!" anstimmte und alle mitsangen, breitete sich ein Gefühl von Zuversicht aus. Der Priester verabschiedete sich von der schwer kranken Bewohnerin des Hospizes und sagte noch: „Sie sind in Gottes Hand!"

Später berichtete die Hospizbegleiterin, wie ruhig und zufrieden die Bewohnerin nach der Spendung des Sakramentes ihr Leben in Gottes Hand zurückgegeben habe.

Gott erfahren

Es war am Ostermontag 1945. Der Krieg war eigentlich schon zu Ende. Da es hier und da aber immer noch Fanatiker gab, die glaubten, Widerstand gegen die anrückenden Alliierten leisten zu müssen, waren die Amerikaner vorsichtig. Wenn sich irgendwo ein Fahrzeug der Wehrmacht oder ein Deutscher in Uniform zeigte, dann zückten sie ihre Gewehre oder nahmen eine Verfolgung auf.

In der entlegenen Bauernschaft rechnete allerdings niemand mehr mit Zwischenfällen. Alle hatten draußen die weiße Fahne gehisst als Zeichen für ihre Ergebung.

Das Osterfest war friedlich verlaufen. Alle atmeten auf, dass die Schreckenszeit jetzt endlich vorbei war. Bombenangriffe hatten in dieser Gegend zwar nicht stattgefunden, es waren aber zahlreiche Männer im Krieg gefallen. Fast jede zweite Familie hatte ein Menschenopfer zu beklagen.

Da der Nachbar noch in Kriegsgefangenschaft weilte und seine Frau mit den Kindern allein war, ging Bernhard mit seinem kleinen Sohn, der noch im Vorschulalter war, in die Nachbarschaft, um frohe Ostern zu wünschen und die Hoffnung auf baldige Rückkehr des Vaters auszudrücken.

Als alle friedliche beieinander saßen, wurden sie plötzlich aufgeschreckt. Sie sahen, wie amerikanische Jeeps querfeldein auf das etwas einsam gelegene Haus zubrausten und dann ohne jegliche Vorwarnung auf das Dach des Hauses schossen. Alle wurden hinausgetrieben und mussten mit erhobenen Händen auf Distanz zum Haus gehen. Die fremden Soldaten drangen ins Haus ein und holten einen angeschossenen deutschen Soldaten heraus.

Es war ein Verwandter der Familie, der mit einem Jeep der Wehrmacht bis ins benachbarte Dorf geflüchtet und dann zu seinen Verwandten gelaufen war, um sich dort zu verstecken.

Er war aber von Leuten verraten worden und nun Opfer der Verfolgung durch die Alliierten.

Da die Amerikaner Bernhard für den Hauseigentümer hielten, stellten sie ihn an die Wand und richteten ihr Geschoss auf ihn. Bernhard stand da mit erhobenen Armen, sein Taschentuch in der Hand. Er zitterte, denn er hatte den Tod vor Augen.

In diesem Moment hörte man ein lautes Rufen: „Do not shoot! Nicht schießen! Stopp!"

Es war Jean aus Bernhards Haus, der belgische Kriegsgefangene, der in guter Beziehung zu der Familie lebte. Er sah die Gefahr, rannte los, sprang über Riegel und Zäune und winkte mit seiner braunen Militärmütze. Dann erklärte er den Amerikanern, dass Bernhard nur der Nachbar war und nicht der Hauseigentümer. Das war die Rettung.

Als Bernhard nach Hause kam, kreidebleich, sagte er nur: „Es gibt noch einen Herrgott!"

Der Schatz im Garten

Vor langer Zeit wurde erzählt, im Garten der Familie Trutzmeier sei ein Schatz vergraben. Da aber offensichtlich niemand etwas fand, geriet die Geschichte in Vergessenheit.

Die Familie lebte schon seit Generationen in dem Haus an der Bismarckstraße. Sie gehörte keiner Konfession an. Das war allerdings in diesem Ort keine Seltenheit. Man erzählte, dass vor längerer Zeit in diesem Dorf ein Lehrer tätig gewesen war, der von der Aufklärung beeinflusst war. Die Werke des Philosophen Immanuel Kant, vor allem seine Religionskritik, waren seine bevorzugte Lektüre. Der Lehrer hatte den Eltern gesagt, eine Kindertaufe sei unsinnig. Damit solle man lieber warten oder noch besser ganz darauf verzichten. Sein Einfluss muss so stark gewesen sein, dass auch die Bewohner des Ortes den christlichen Glauben ablehnten.

Auch Trutzmeiers waren damals dem atheistischen Lehrer gefolgt und hatten ihre Kinder nicht mehr taufen lassen. Bei einer Ahnenforschung hat ein Mitglied der Familie im Taufregister der katholischen Pfarrei festgestellt, wann der religiöse Faden bei seinen Vorfahren abgeschnitten wurde. Vorher hatte es durchaus ein kirchliches Leben gegeben. Besonderheiten waren sogar in den Taufbüchern vermerkt. Da war einer aus der Familie Priester geworden, zwei waren auch Nonnen. Aber jetzt war das alles nur vergangene Herrlichkeit.

Nun aber geschah etwas Erstaunliches. Im Garten von Trutzmeiers sollte ein Brunnen gebaut werden. Der Eigentümer wollte seine Blumen und sein Gemüse mit eigenem Wasser berieseln. Es wurde gegraben. Ringe wurden in den Boden gelassen, bis man auf eine Wasserader stieß. Da aber fand man einen Gegenstand. Es war eine Holzkiste aus Eiche. Man vermutete einen Schatz. Waren da Münzen vergraben, oder vielleicht Goldstücke? Es könnte ja auch ein teurer Schmuck sein, der in einer Kriegszeit versteckt wurde.

Da es ja auch Sprengstoff sein konnte, wurde ein Experte zu Rate gezogen. Der gab Entwarnung, weil Munition nie in solchen Kisten aufbewahrt wurde. Dennoch gingen alle auf Abstand, als der Experte die Kiste öffnete.

Hervor kam eine Art Bild aus Kupfer. Darin war etwas eingraviert. Als die Fläche gesäubert war, konnte man etwas lesen. Da stand folgender Satz: „Ich glaube, dass Jesus lebt und bin froh, dass ich getauft wurde. Heinrich Trutzmeier 1841" Die Familie war über dieses Glaubenszeugnis ihres Ahnen sehr erstaunt.

Die Jahreszahl passte zu der Zeit, als jener Lehrer in dem Ort wirkte und die Bewohner vom Glauben abbrachte. Ihr Vorfahre hatte sich wahrscheinlich darüber gegrämt, dass sein Sohn seinen Enkel nicht mehr taufen ließ und die Tafel als Zeugnis seines Glaubens in seinem Garten vergraben.

Einen Goldschatz hatte die Familie nicht gefunden. Doch die Tafel wurde fachmännisch restauriert und im Flur an die Wand gehängt.

Jedes Mal, wenn Familienangehörige an ihr vorbeigehen, betrachten sie sie heute noch voller Nachdenken.

Florian

Der Vater war bei der Freiwilligen Feuerwehr.
Als er einen Sohn bekam, sagte er zu seiner Frau: „Sollen wir ihn nicht Florian nennen?" „Wie kommst du denn darauf?", fragte die Mutter. „Der heilige Florian ist der Schutzpatron der Feuerwehr", sagte der Vater. „Du weißt, dass es mir wichtig ist, den Menschen in Not zu helfen. Das tun wir bei der Feuerwehr, und der heilige Florian beschützt uns dabei."

„Dann möchte ich aber gerne etwas über den heiligen Florian wissen, vor allem, wie er dazu kam, Schutzpatron der Feuerwehr zu werden", sagte die Mutter.

„Ich habe neulich den Pfarrer gefragt, und der hat mir erzählt, dass Florian ein treuer Beamter des Kaisers war, der wegen seines christlichen Glaubens beim Kaiser und seinen Ministern in Ungnade fiel. Er wurde wegen seines Glaubens mit einem Mühlstein um den Hals in einen Fluss geworfen und ertränkt. Mutig hatte er seinen Glauben bis zuletzt bekannt."

„Und wie wurde er Patron der Feuerwehr?", fragte die Mutter.

Auch das hatte der Pfarrer erklärt. Der Vater hatte es nicht vergessen: „Weil die Christen Florian wegen seiner Todesart mit einem Wasserkübel abbildeten und die Feuerwehr zum Löschen immer Wasser braucht, wählte man ihn zum Schutzpatron der Feuerwehr."

Das passte ganz gut zu ihm, weil er in seinem Leben auch immer gerne den Menschen in Not half.

Vater und Mutter waren nun ganz glücklich, dass sie ihren Sohn Florian nennen wollten, denn auch er sollte als Christ in seinem Leben lernen, den Menschen in Not zu helfen.

Pfingsten in der Berufsschule

Der Religionslehrer in der Berufsschule wollte die Schüler ein wenig auf das bevorstehende Pfingstfest einstellen.

„Was ist Pfingsten für ein Fest?", fragte er die jungen Leute.

Ein Schüler antwortete: „Das ist das Fest, wo es nichts gibt!"

Diese Antwort hatte der Theologe bisher noch nie gehört.

Er fragte nach: „Was willst du damit sagen?"

„Weihnachten gibt es Geschenke, Ostern gibt es Ostereier, aber Pfingsten nichts", lautete die Erklärung des jungen Mannes. Der Lehrer reagierte betroffen. Pfingsten nichts? Ist das der Grund, weshalb Pfingsten für viele Leute keine besondere Rolle spielt?

Er dachte nach: Weihnachten und Ostern ist immer was los. Die Geschäfte können nicht früh genug damit anfangen, ihre Geschenkartikel in den Schaufenstern auszustellen. Besonders die Kinder freuen sich auf diese Feste. Aber zu Pfingsten gibt es diesbezüglich nichts. Es gibt zwar Pfingstochsen, aber die werden zu diesem Fest nicht geschlachtet.

Der Religionslehrer konnte sich nicht damit zufrieden geben, dass es Pfingsten nichts gibt. Er musste den Schülern irgendwie klar machen, dass es an diesem Fest etwas gibt. Wie aber sollte er den jungen, berufstätigen Leuten die Gaben des Heiligen Geistes nahe bringen?

Da kam ihm ein Geistesblitz. Er sagte: „Es ist nicht wahr, dass es Pfingsten nichts gibt! Habt Ihr schon mal Geistesgegenwart erfahren?"

Die Schüler dachten nach. Geistesgegenwart?

„Wisst ihr noch, wie wir mit dem Bus einen Ausflug nach Holland gemacht haben und der Busfahrer plötzlich zusammenbrach? Wie dann euer Lehrer, der vorne im Bus saß, aufsprang, die Handbremse zog, den Gang rausnahm und den Bus zum Stehen brachte? Da habt ihr alle gesagt, dass er Geistesgegenwart hatte."

Die Schüler pflichteten ihm bei.

Der Religionslehrer fuhr fort: „Und wenn ihr manchmal nicht weiterwisst, buchstäblich auf dem Schlauch steht und es fällt euch plötzlich eine Lösung ein: Ist das nicht Geistesgegenwart? Wenn es Streit gibt in der Familie, am Arbeitsplatz oder anderswo und ihr findet wieder Frieden, wirkt da nicht der Heilige Geist, der Pfingsten auf Jesu Jünger herabkam?"

Dann las er ihnen die Pfingstgeschichte aus der Apostelgeschichte vor. Da war die Rede von Verständigung. Das Geschenk des Heiligen Geistes bestand darin, dass alle sich verstehen konnten.

„Habt ihr das nicht schon häufig erlebt, dass ihr euch versteht? Vielleicht nach einem Streit oder einem Missverständnis. Wie wohltuend ist dann die Versöhnung. Das sind Gaben des Heiligen Geistes, Pfingstgeschenke also. Sagt bloß nicht noch einmal, Pfingsten gibt es nichts! Vielleicht gibt es da mehr als Weihnachten und Ostern zusammen. Ihr seht es nur nicht."

Am liebsten hätte er den Schülern noch eine kleine Friedenstaube in die Hand gedrückt oder ein entsprechendes Abzeichen angesteckt, damit sie spürten, dass es auch Pfingsten etwas gibt.

Fronleichnam anders

Jahr für Jahr feierten die Katholiken in Fronheim ihr Fronleichnamsfest.

Es hatte lange Zeit die gleiche Form. In der Kirche wurde die Heilige Messe gefeiert. Anschließend fand die Prozession mit dem „Allerheiligsten" in der Monstranz, von einem „Himmel" überdacht, statt. Mitglieder des Kirchenvorstandes trugen diesen Himmel, feierlich gekleidet in ihren schwarzen Anzügen. Fahnen gingen mit, Kommunionkinder als „Engelchen", die Wege waren geschmückt, eine Blaskapelle durfte nicht fehlen, es wurde gesungen und gebetet.

Die Evangelischen blieben an diesem Tag zuhause. Es war ja nicht ihr Fest. Vielleicht saßen einige hinter ihren Gardinen und schauten sich den Umzug ihrer katholischen Mitbürger an.

Diese Tradition aber sollte sich in Fronheim ändern. Die Anregung kam vom Ökumenekreis. Katholische und evangelische Christen diskutierten regelmäßig über ihren Glauben. Gemeinsame Bibelwochen waren schon seit Jahren üblich. Nun war die Frage aufgetaucht, ob man nicht gemeinsam „Fronleichnam" feiern könnte.

Die „Ökumeniker" wussten, dass dies nicht einfach sein würde, da doch gerade in der Frage des Abendmahls, und darum geht es an Fronleichnam, das Verständnis der jeweiligen Konfession verschieden ist. Aber warum nicht bei Beachtung der Unterschiede das Fest trotzdem zusammen feiern?

Es gab Gesprächsabende, zu denen alle Christen eingeladen waren. Dann wurde die Frage dem Presbyterium und dem Gemeinderat zur Entscheidung vorgelegt, mit einem genauen Plan für den Ablauf des Festes. Der Beschluss fiel positiv aus, wenngleich es auch einige Gegenstimmen gab.

Das Ergebnis sah nun so aus: Die Christen beider Konfessionen versammelten sich am Festtag auf dem Marktplatz, der zwischen der Luther- und der Thomaskirche liegt.

Der evangelische Pfarrer in seinem Talar hatte die große Bibel mitgebracht, die immer auf dem großen Tisch im Chorraum seiner Kirche liegt. Der katholische Pfarrer kam im Messgewand mit Messdienern, die einen Kelch, eine Dose mit Hostien und eine Flasche Wein trugen. Der evangelische Posaunenchor blies eine Eingangsmelodie. Dann sangen alle das Lied „Sonne der Gerechtigkeit, gehe auf zu unsrer Zeit: brich in deiner Kirche an, dass die Welt es sehen kann." Dieses Lied wurde schon länger in beiden Kirchen gesungen.

Der Pfarrer der St. Thomasgemeinde begrüßte alle und gab eine kleine Einführung. Er wies darauf hin, dass Jesus seinen Jüngern beim Abendmahl den Auftrag gegeben habe, sein Mahl zur Erinnerung an ihn, vor allem an sein Leiden und Sterben für das Heil der Welt, zu feiern.

Genau das wolle man jetzt tun und zwar öffentlich. Darum zögen die Christen jetzt durch ihre Stadt, um ihren Glauben zu zeigen und zu feiern. Er habe auch nichts dagegen, wenn manche die Prozession eine „Demo" nennen würden.

Dann zog die Prozession los, natürlich mit Sang und Klang. Es wurde gesungen und gebetet, für die Stadt, für den Frieden, für Kranke und noch in vielen anderen Anliegen.

Auf dem Platz vor dem Rathaus wurde Halt gemacht. Eine Lektorin von der evangelischen Kirche las aus dem Korintherbrief des Apostels Paulus vor. Da wird berichtet, wie Jesus das Abendmahl mit seinen Jüngern feierte.

Anschließend sangen beide Kirchenchöre gemeinsam ein Psalmlied.

Danach las der Diakon der katholischen Gemeinde das Evangelium von der wunderbaren Brotvermehrung nach Matthäus.

Dann predigte der katholische Pfarrer. Er erwähnte gewisse Unterschiedlichkeiten im Abendmahlsverständnis der Konfessionen und wünschte sich noch Fortschritte auf dem Weg zur Einheit, unterstrich dann aber die vielen Gemeinsamkeiten und brachte seine Freude darüber zum Ausdruck, dass heute diese gemeinsame Feier bei respektvoller Beachtung von Verschiedenheit möglich sei. Schließlich sei ja die Einheit der Jünger das große Anliegen Jesu gewesen. Er bat den evangelischen Pastor um eine „Zugabe", die dann auch erfolgte. Er betonte die Kostbarkeit des Wortes Gottes, die gemeinsame Taufe und wünschte sich, dass alle Christen das Abendmahl in ihren Kirchen dankbar feiern.

Gemeinsam wurde noch das Apostolische Glaubensbekenntnis gesprochen. Dann ging die Prozession weiter. Unterwegs wurden Fürbitten gesprochen und weitere Lieder gesungen.

Dann ging es in den Park des Krankenhauses. Auf einer Wiese war ein Tisch aufgestellt. Einige Fahnen umrandeten den Bezirk, der als Altarraum dienen sollte. Brot und Wein wurden gebracht. Der Priester feierte das Abendmahl als Wandlung. Der evangelische Geistliche stand etwas entfernt, da aufgrund des unterschiedlichen Verständnisses vom Abendmahl leider die Einigkeit noch fehlt.

Die Kommunion wurde ausgeteilt, eine große Hostie zum feierlichen Segen in die Monstranz gegeben, dann gesegnet und gesungen. Zum Schluss blies noch einmal der Posaunenchor. Viele Kranke standen an den Fenstern und erlebten das Ganze mit.

Dann ging alles in eine „Agape" über. Man aß und trank miteinander, erzählte sich die Neuigkeiten und freute sich, dass alle zusammen waren. Es gab Brötchen, Käse und auch einen Grillstand mit Würstchen. Dazu kamen Getränke mit und ohne Alkohol.

Es war ein schöner Tag, und man konnte den Eindruck haben, dass auch der liebe Gott seine Freude an seinem geliebten Fronheim hatte.

Wenn der Pfarrer einen hebt

Wie in jeder aktiven Gemeinde gehörte auch in der Dreifaltigkeitsgemeinde das Pfarrfest zum jährlichen Repertoire. Der Gemeinderat hatte wieder ein buntes Programm vorgesehen und warb im Gemeindeblatt um Mitwirkung wie auch um Teilnahme. Ein Familiengottesdienst mit dem Thema „Gott ruft sein Volk zusammen", ein Frühschoppen, Erbsensuppe, Grillstand, eine Tombola, eine Cafeteria, Spiele für die Kinder und vieles andere mehr sollte die Leute anlocken.

Die Einladung musste natürlich auch ein wenig lustig gestaltet werden. Darum schrieb der Gemeinderat auf Plakate und Handzettel: „Wenn der Pfarrer einen hebt, dass das Kirchenschiff erbebt, weiß ein jeder weit und breit: Es ist wieder Pfarrfestzeit!"

Nun war es aber in dieser Gemeinde so, dass der Pfarrer keinen „hebt". Er war kein Alkoholiker, verzichtete aber aus Solidarität mit Abhängigen ganz auf Alkohol, bis auf den Messwein in der Eucharistie.

In Vorträgen hatte er schon häufiger über das Problem der Sucht gesprochen. Sensibel gegenüber dem Thema „Alkohol", ließ er einen kleinen Zettel drucken mit dem Satz: „Der Pfarrer hebt sich aber keinen. Darum kann man mich nicht meinen", und klebte ihn mit seiner Unterschrift auf die Plakate.

Die Reaktion der Gemeindemitglieder war schon interessant. Während des Festes gab es das eine oder andere Gespräch über das heikle Thema „Alkohol". Natürlich wurde noch getrunken. Christen sind ja von Hause aus keine Asketen. Selbst Jesus sagte man nach, dass er gerne aß und trank.

Aber immerhin ging man sensibel mit der Sache um und hütete sich vor Alkoholmissbrauch. Vor allem aber wurde der Erfolg des Pfarrfestes nicht an den leeren Bierkästen gemessen, sondern an der Freude, die alle, die zum Fest gekommen waren, miteinander hatten. Und das ist ja wirklich das Wichtigste.

Gut angekommen

Die Kofferräume waren voll gepackt. Ein Ferienlager braucht eben eine ganze Menge. Auch das Gepäck der Kinder war nicht gerade klein ausgefallen.
 Jeder sollte zwar nur das Notwendigste mitnehmen, aber es war dann am Ende doch noch mehr, als man gedacht hatte. Jetzt mussten nur noch die Jungen und Mädchen mit ihren Gruppenleitern einsteigen.

Die zwölfjährige Heike war auch dabei. Am Bus standen Vater, Mutter, Großmutter und natürlich der kleine Bruder Heiko. Er wäre auch gerne mitgefahren, aber mit seinen sieben Jahren einfach noch zu jung.

Die Familie verabschiedete sich von Heike. Jeder hatte noch einen guten Ratschlag zu vergeben. „Mach keine Dummheiten!" oder: „Schreib uns bald!", „Ruf an, wenn ihr angekommen seid!" Die Oma sagte nur: „Ich bete, dass ihr gut ankommt!" „Ach, du mit deinem Beten!", antwortete Heike. „Lass mich nur!", sagte die Großmutter, „man kann ja nie wissen."

Der Bus fuhr ab. Alle winkten noch. Dann ging es in Richtung Tirol. Eine ganze Nacht waren die Kinder unterwegs, bis sie am Ferienort ankamen.

Es klappte alles gut. Die Kinder schliefen sogar eine Zeit lang, auch Jan, der immer noch eine Story zu erzählen wusste und die anderen vom Schlafen abhielt.

In der Frühe kamen sie an. Als alles ausgepackt war, rief Heike mit ihrem Handy die Eltern an: „Wir sind gut angekommen", sagte sie mit ihrer etwas müden Stimme,

„und sag der Oma, dass ihr Beten nicht nötig war. Es gab überhaupt keine Probleme."

Was Heike nicht wusste, war folgende Geschichte: Zwei Burschen aus der Grenznähe hatten sich eine Mutprobe ausgedacht. Sie wollten einen dicken Stein von einer alten Autobahnbrücke auf einen Bus werfen, am besten auf die Schutzscheibe. Der Stein lag schon bereit. Nur noch ein kleiner Schubs und dann weglaufen, dachten sie.

Aber dann kam ein Motorradfahrer über die Brücke, hielt an und fragte: „Was soll das geben?" Etwas erschrocken sagten sie: „Ach, hier liegt ein Stein. Den wollten wir wegräumen, damit er nicht auf die Autobahn fällt." Und sie trugen ihn von der Brücke.

Der Motorradfahrer misstraute ihnen ein wenig und blieb deshalb noch eine Weile. Weil aber nichts passiert war, fuhr er schließlich weiter, und auch die Burschen hatten sich verdrückt.

Um ein Haar aber hätte etwas Schlimmes passieren können. Der Stein wäre auf die Schutzscheibe des Busses gefallen, in dem Heike und die anderen Kinder saßen.

Völlig verwirrt hätte der Busfahrer die Gewalt über das Fahrzeug verlieren können und dann ...

Zum Glück ist es nicht geschehen, weil das Unheil im entscheidenden Moment durch den Motorradfahrer abgewendet wurde. Und wer sagt denn, dass es nicht das Gebet der Großmutter war, das hier mitgewirkt hat?

Wie sagte die Oma: „Man kann ja nie wissen." Wüsste Heike, was sich auf der Autobahnbrücke zugetragen hat, sie wäre etwas vorsichtiger mit der Abwertung eines Gebetes.

Der Fußballgott

Sein Verein hatte verloren. Traurig saß er da, dem Weinen nahe: ein Fußballfan. Ein Freund wollte ihn trösten.

„Was ist denn so schlimm?", fragte ihn dieser.

„Der Fußballgott hat uns im Stich gelassen!", antwortete der.

„Der Fußballgott?" – Der Freund dachte über diesen Begriff nach. Er glaubte an Gott, war in der Kirchengemeinde aktiv. Er hatte schon manches über Gott gehört. Ein Fußballgott war ihm allerdings nicht geläufig. So fragte er seinen traurigen Freund: „Glaubst du etwa an einen Fußballgott?"

„Nein", sagte der, „man sagt das nur so."

Nach einem kurzen Gespräch verabschiedeten sich beide.

Doch das Wort „Fußballgott" beschäftigte den Freund noch länger. Er nahm es mit in die nächste Religionsstunde.

Dort entspann sich eine lebhafte Diskussion. Das Thema „Religion und Sport" war gar nicht so uninteressant. Schülern war aufgefallen, dass manche Spieler sich vor ihrem Einsatz bekreuzigen. Manche schauen bei einem Erfolg nach oben, manchmal mit gefalteten Händen, als ob sie „dem da oben" danken wollten. Der Religionslehrer wurde auch schon mal um ein Gebet für ein Fußballspiel angesprochen.

„Warum nicht?", meinte ein sportbegeisterter Junge, „Sie beten doch für alles!"

„Nein", sagte der, „wir beten nicht für alles. Wir geben auch nicht allem unseren Segen. Wir engagieren uns nur für das, was den Menschen Heil bringt. Wenn der Sport das friedliche Miteinander der Menschen fördert, vor allem auch den Frieden in der Welt, dann sind wir Christen mit unseren Gebeten dabei, dann ist auch Gott involviert, nicht als Fußballgott, den gibt es nicht, sondern als der, der allem Guten seinen Segen gibt."

Schließlich schrieb der Religionslehrer den Merksatz an die Tafel: „Gott liebt diese Welt, auch den Fußball. Doch ein Fußballgott ist er deshalb nicht!"

Als nach Schulschluss eine Reinigungsfrau die Tafel auswischen wollte, sagte eine Kollegin: „Lass das ruhig noch eine Weile stehen!"

Gespräch über den Gartenzaun

Der Pastor wohnt in einem schönen Pfarrhaus mit Garten. Ein Fußweg führt daran vorbei, sodass Leute, die vorbeikommen, seine Blumenpracht bewundern können.

An einem Sonntagnachmittag hatte sich der Geistliche mit einem Liegestuhl vor die Tür gesetzt. Oft tut er das nicht, weil die Leute denken könnten, er hätte ein bequemes Leben. Einmal hatte auch jemand gesagt: „Pfarrer müsste man sein!"

An diesem Sonntag blieb ein Spaziergänger am Gartenzaun stehen und schaute interessiert zum Pfarrer herüber. Dieser hatte den Eindruck, dass er ein Gespräch mit ihm suchte.

Seine Frau, die ihn begleitete, hielt ihn zurück. „Komm, stör den Herrn Pfarrer nicht!", sagte sie. „Warum nicht?", entgegnete der Mann, „ist doch die Gelegenheit."

Der Pfarrer stand vom Liegestuhl auf und ging zum Zaun. „Guten Tag", sagte er, „ist etwas interessant hier?"

„Nein", sagte der Mann, „ich wollte Ihnen nur sagen, dass ich einer von den Gottlosen bin."

„Macht nichts", sagte der Pastor, „das könnte man ja ändern."

„Ich war früher katholisch", sagte der Mann, „aber da ist so manches geschehen, das mich zum Kirchenaustritt veranlasst hat." „Das würde mich interessieren", sagte der Pastor und fuhr fort: „Sollen wir nicht einen Termin abmachen, um in Ruhe über alles zu sprechen?"

Der Mann war einverstanden. Eine gute Woche später kam er ins Pfarrhaus. Es war ein langes Gespräch. Der Pfarrer hörte zu, zeigte für vieles Verständnis und bot ihm die eine oder andere Klärung an. Schließlich vereinbarte man ein weiteres Treffen. Zuhause sagte der Mann zu seiner Frau: „Es gibt auch nette Pastöre."

Einige Zeit später erfolgte die Wiederaufnahme in die Kirche.

Der Pfarrer erinnerte sich an die erste Begegnung mit dem Mann und dachte: „Da kann man mal sehen: Der Geist Gottes weht wo er will, sogar über den Gartenzaun."

Schlagfertig

In der Pfarrei X arbeitet eine Nonne als Gemeindeschwester. Sie trägt ihre Ordenstracht. Oft ist sie mit ihrem Fahrrad unterwegs. Sie besucht alte und kranke Leute oder auch Familien, deren Kinder sie auf die Erstkommunion vorbereitet. Viele grüßen sie unterwegs freundlich. Manchmal wird sie auch angepöbelt.

Neulich kamen ihr einige schlaksige Jugendliche entgegen. „Hallo, Schwester, grüßen Sie mal Gott, wenn Sie ihn sehen!", rief einer. Die Schwester war nicht auf den Mund gefallen und antwortete: „Kein Problem. Ich begegne ihm oft." Sie dachte dabei an die Gottesdienste und auch daran, dass sie ihn sieht, wenn sie Kranke besucht.

Später traf sie einen der Jungen in der Stadt wieder. Er stand an einer Pommesbude. Sie sprach ihn an und fragte ihn, ob sie Gott wirklich von ihm grüßen solle oder ob seine Bitte nur Spaß gewesen wäre.

Er gab zu, dass er und seine Freunde das aus Jux und Tollerei gerufen hätten. „Schade", sagte die Schwester, „ich hätte Gott gern von euch gegrüßt. Ich begegne ihm, wenn ich bete." „Wirklich?", fragte der Junge, „ja, wirklich. Ich bin überzeugt, dass er da ist und mich anhört. Ich könnte ihm auch deine Anliegen vortragen. Aber vielleicht hast du keine."

„Doch, doch", sagte der Junge. Dann begann er zu erzählen, was alles nicht gut bei ihm lief.

Die Schwester hörte ihm gut zu. Als sie sich verabschiedete, sagte sie: „Einverstanden, dass ich es ihm – sie zeigte mit dem Finger nach oben – sage?" „Ja, einverstanden", sagte der Junge und fügte hinzu: „Vielen Dank auch, Schwester!"

Sie dachte: Interessant. So ganz gottlos scheint die Jugend von heute doch nicht zu sein. Man muss sie nur beim Wort nehmen.

Segnung

In der Landgemeinde von Burheim wirkte ein junger Pfarrer.
Er war ein wenig kritisch und tat sich etwas schwer mit den vielen Traditionen.
Überall sollte er dabei sein, wenn die Vereine ihre Feste feierten oder Gedenktage begingen. Beim Schützenfest durfte er nicht fehlen. Er kam auch, aber als man ihn aufforderte, den ersten Schuss auf den Vogel abzugeben, weigerte er sich mit dem Hinweis auf die Friedensarbeit der Kirche.
Er hatte auch Probleme, als er bei der Kranzniederlegung der Schützen und der Feuerwehr am Volkstrauertag am alten Kriegerdenkmal eine Rede halten sollte. Er konnte einfach nicht von Helden sprechen, wenn er an die im Kriege gefallenen Soldaten dachte.

Wenn er das neue Fahrzeug der Feuerwehr segnen sollte, hatte er ebenfalls ein mulmiges Gefühl in der Magengegend. Ähnlich war es bei Autosegnungen. Die Leute klebten eine Christophorusplakette in ihr Fahrzeug und dachten, jetzt müsse sie Gott vor Unfällen bewahren. Für den Pfarrer war das Magie. Die Autofahrer benutzten die geweihte Plakette mit dem berühmten Heiligen als Talisman.

Immer wieder wurde der Pfarrer um eine Segnung gebeten. Eine Haussegnung ließ er sich noch gefallen, aber dann ging es um Pferde, um einen Heißluftballon und andere Dinge mehr.

Wie sollte er mit diesen Aufträgen umgehen, ohne sich zu verbiegen? Er mochte einfach kein Brimborium, kein leeres Getue. Er wollte das Evangelium verkünden und kein Zeremonienmeister sein.

Er beriet sich mit seinem Spiritual, einem erfahrenen Priester, der Wert legte auf das Geistliche. „Dein Tun", sagte ihm dieser, „muss Sinn haben". Er empfahl ihm, die Traditionen als Gefäße zu betrachten, in die er die christliche Botschaft legen solle. So hätte es schon der heilige Bonifatius gemacht, als er mit der gefällten Donareiche eine Kapelle baute. Selbst Weihnachten sei einmal ein heidnisches Fest der Wintersonnenwende gewesen und dann Geburtsfest der neuen Sonne, Jesus Christus, geworden. Ähnliches gilt von vielen anderen Festen im Kirchenjahr. Die christliche Mission habe den Glauben wie ein Kuckucksei in heidnische Nester gelegt.

Der Pfarrer von Burheim fing also an, seine Segnungen christlich zu deuten. Beim Schützenfest sprach er nicht von „schießen" sondern von „beschützen". Es ginge bei uns Christen vor allem darum, die Schwachen zu schützen. Daran sollten die Schützen denken, wenn sie ihr Schützenfest feiern.

Bei Autosegnungen sagte er: „Der Segen ist kein Freifahrtschein, und bei überhöhter Geschwindigkeit steigt der Christophorus aus. Der Segen gilt weniger dem Fahrzeug als vielmehr dem Fahrer. Der soll verantwortungsbewusst fahren."

Am Volkstrauertag mahnte er alle zum Frieden im Kleinen wie im Großen. „Die Opfer mahnen" stand ja auch auf dem Denkmal.

„Segnen heißt auf Latein ‚benedicere'" sagte der Pfarrer bei seinen Segnungen, „das heißt ‚gutheißen'. Jeder soll die Dinge so gebrauchen, dass Gott sein Handeln gutheißen kann."

Der Pfarrer nahm jetzt gerne Segnungen vor und überlegte immer schon, welche Botschaft er da hineinlegen könne. Der Gedanke an das Kuckucksei machte ihm richtig Spaß.

Auch den Vereinen gefielen die Worte und Zeichen ihres Pfarrers, weil sie ihre Traditionen mit Sinn erfüllten und neu belebten.

Kirmes in Kirchhausen

Kirchhausen ist ein kleines Dorf. Viel Abwechslung gibt es da nicht. Kann sein, dass manchmal ein kleiner Zirkus dorthin kommt, aber sicher ist das nicht. Da ist die jährliche Kirmes schon verlässlicher. Sie findet immer im Herbst statt, wenn Kirchweih ist. Natürlich ist sie nicht so groß wie die in der etwas entfernt gelegenen Stadt, von der die Erwachsenen gelegentlich erzählen. Die Kirmes in Kirchhausen hat aber auch ihre Reize. So hat sie zum Beispiel noch eine richtige Schiffschaukel, die man in den großen Städten vergeblich sucht.

Niki freut sich immer auf die Herbstkirmes. Das Jahr über spart er regelmäßig etwas von seinem Taschengeld, damit er nicht mit leerem Geldbeutel zur Kirmes gehen muss. Die Eintritte sind ja nicht gerade billig. In den letzten Jahren ist die Kirmes stets etwas teurer geworden.

Niki ist ein toller Kerl. Mut hat er für zehn. Wenn er in die Schiffschaukel steigt, kann es ihm nicht hoch genug gehen. Meistens nimmt er einen sportlichen Kameraden mit, sodass beide richtig in Schwung geraten. Sie schaukeln sich dann immer höher, sodass es einige Zuschauer mit der Angst zu tun bekommen. Nikis Mutter musste schon öfters rufen: „Vorsicht, Niki, nicht höher! Nachher fallt ihr noch heraus!"

Niki genießt das Schaukeln. Es ist ihm ein himmlisches Vergnügen. Er hat das Gefühl, dass er sich von der Erdenschwere löst und ganz oben für einen Augenblick im siebten Himmel ist. Niki will immer gern hoch hinaus. Zu

Hause klettert er gern auf die Bäume. Bei einem Schulausflug ist er der erste, der die Spitze des Aussichtsturms erreicht.

Als jüngst wieder Kirmes in Kirchhausen war, geschah etwas Unerwartetes. Niki hatte wieder seine Schiffschaukel im Sinn. Bei ihm waren einige Klassenkameraden, vor allem seine Freunde, mit denen er schon manchen Streich ausgeheckt und Mutproben durchgeführt hatte.

Wen sollte er jetzt auffordern, mit ihm das jährliche Schaukelexperiment zu unternehmen?

Es kamen mindestens zwei Jungen in Frage, die keine Angst hatten, wenn es immer noch ein Stück höher ging.

Doch dann entdeckte Niki den Theo. Er war allein, weil keiner mit ihm etwas zu tun haben wollte. Er war ziemlich dick und immer ein bisschen umständlich. Er hatte weder einen Vater noch Geschwister. Die Mutter hatte wenig Zeit für ihn, weil sie arbeiten ging. Theo hatte meistens kein Taschengeld. So stand er da und schaute sich nur an, wie die anderen sich auf der Kirmes vergnügten.

Als Niki ihn diesmal sah, ein wenig abseits mit seinen traurigen Augen, rief er: „Theo, komm mit in die Schaukel! Ich spendiere eine Tour!" Theo zögerte. Er glaubte zunächst, Niki wolle ihn veräppeln. „Komm!", wiederholte Niki seine Einladung, „mit dir kann das spannend werden."

Theo spürte, dass Niki es ehrlich meinte und stieg mit ein. Die etwas erstaunten Freunde erhielten von Niki den Auftrag, die Schiffschaukel anzuschieben. Mit Theo war das Gewicht halt etwas schwerer. Doch bald ging es rauf und runter mit den beiden, wenn auch nicht ganz so hoch wie sonst. Aber Niki hatte Spaß, weil auch Theo sich riesig freute. Noch nie zuvor war Theo in einer Schiffschaukel gewesen. Es war ihm zwar etwas mulmig in der Magengegend, doch schließlich überwog die Freude.

Theo fühlte sich angenommen. Wenigstens einmal nicht abseits stehen, sondern mittendrin im Vergnügen, das war schon ein großartiges Gefühl.

Als beide wieder ausstiegen, sagte Theo: „Danke, Niki! Du bist wirklich ein toller Kerl!"

„Keine Ursache", sagte Niki, „es hat ja auch mir Spaß gemacht."

Die Freunde aus der Klasse fragten nachher Niki: „Warum hast du das getan?" „Ach", sagte Niki, „weil ich gern bis in den Himmel fliege, und den habe ich gespürt, als Theo sich so freute."

Ein Priester als Busfahrer

Es gibt noch den einen oder anderen Arbeiterpriester in Frankreich. Nicht weit von Paris ist André Pfarrer einer Gemeinde mit zahlreichen Nebenkirchen. Der Gottesdienstbesuch hält sich dort in Grenzen. Meistens sind es ältere Leute, die am Sonntag noch zu den Gottesdiensten kommen.

André will aber nicht aufgeben, junge Menschen für den Glauben anzusprechen. Das ist allerdings nicht ganz leicht. Noch gibt es in der Gemeinde Taufen von Kindern und später die „feierliche Erstkommunion". Auch die Firmung ist nicht ganz ausgestorben. Doch danach sieht der Pfarrer die jungen „Christen" nur noch selten.

Ein anderes Problem ist für ihn das Geld. Vom Bischof bekommt er nicht mehr als die Sozialhilfe. Es gibt in Frankreich ja keine Kirchensteuer, und die Messstipendien zur Unterstützung der Priester bleiben häufig aus, weil die Gläubigen nur noch selten eine Messe für ihre Verstorbenen bestellen.

Da fiel André eine Lösung. Er machte den Busführerschein und bewarb sich bei Tempus, einem Busunternehmer, als Aushilfsfahrer. Der schlug ihm vor, täglich am Spätnachmittag eine Linie zu übernehmen. Diese Zeit kam ihm aus. So fährt er nun jeden Tag den Bus, in dem meistens auch viele Schüler sitzen, um nach dem Unterricht die Heimfahrt anzutreten.

Anfangs glaubten manche, André habe seinen Job als Pfarrer aufgegeben. Aber dann stellten sie doch fest, dass dieses Gerücht nicht stimmte. Er tat weiterhin seinen Dienst in der Kirche, fuhr aber jeden Tag den Bus.

Er hatte nicht die Absicht, sich gleichzeitig als Missionar zu betätigen. Er war einfach freundlich zu den Fahrgästen und vor allem zuverlässig. Den Nebenverdienst konnte er für die Unterhaltung seines Autos und auch für seinen Jahresurlaub gut gebrauchen. Wenn noch etwas übrig blieb, kaufte er damit eine Tischtennisplatte für die Jugendlichen, die in einem Nebenraum der Kirche Pingpong spielten. Manchmal unternahm er mit den jungen Leuten auch eine Busfahrt, die er mit seinem Geld subventionierte.

Die Eltern der Ortschaft freuten sich, dass sich jemand um die Jugend kümmerte. Wenn diese Sorgen oder Probleme hatten, war André für sie ein guter Vertrauensmann. Er konnte gut zuhören und hatte für sie viel Verständnis.

Die sonntäglichen Gottesdienstbesucher fühlten sich mit André sehr verbunden. Sie hatten einfach den Eindruck, dass ihr Pfarrer einer von ihnen war.

Seine Predigten waren weltbezogen, hatten etwas mit dem täglichen Leben der Menschen zu tun. Seitdem André den Bus fuhr, war er einfach stärker in das Leben der Menschen eingebunden, wusste, wo ihnen der Schuh drückte und legte das Evangelium zum täglichen Gebrauch aus.

Die Kirche wurde zwar nicht zusehends voller, aber mit der Zeit sah man doch den einen oder anderen jungen Menschen in der Kirche, der einfach neugierig geworden war, was ihr Pfarrer André dort sagen würde.

André jedenfalls fühlte sich wohl als Arbeiterpriester und wollte mit keinem Domprediger tauschen.

Protest aus der rechten Ecke

Die Gottesdienste in St. Nikolaus sind für heutige Verhältnisse gut besucht. Das Seelsorgeteam ist auf dem neuesten Stand. Das letzte Konzil konnte hier Fuß fassen. Der leitende Pfarrer hat das Herz auf dem rechten Fleck. Mit den Laien arbeitet er auf Augenhöhe. Damit die Gemeinde die Auslegung der Frohbotschaft nicht nur vom Priester hörte, sondern auch von den anderen Mitwirkenden in der Seelsorge, predigte an den Sonntagen in der Eucharistiefeier auch die Pastoralreferentin. Das kam bei den meisten Gläubigen gut an. Ihre Darlegungen waren geerdet, und ihre Verkündigung war für das alltägliche Leben verwertbar. Sie erhielt von vielen positive Rückmeldungen.

Doch dann gab es einen Eklat: Gleich zu Beginn ihrer Predigt stand eine Frau aus der zweiten Kirchenbank auf und rief: „Sie dürfen nicht predigen! Das hat der Bischof verboten. Sie haben keine Weihe." Der Predigerin blieb keine Wahl. Sie musste aufhören. Die Leute regten sich auf über die Protestlerin. Sie ließ sich aber nicht von ihrer „Aktion" abbringen. Der zelebrierende Priester versuchte zu intervenieren, erntete aber die gleichen Worte: „Sie darf das nicht!" Er schlug vor, ohne Predigt die Feier der Messe fortzusetzen, um später die Angelegenheit zu bereinigen.

Die Gemeinde wartete in den folgenden Wochen darauf, dass die protestierende Frau vom Pfarrer gemaßregelt würde und notfalls auch vom Bischof. Doch sie hatte flugs einen Brief an den Bischof geschrieben und die Antwort erhalten, dass sie Recht habe und dass mit dem Pfarrer gesprochen würde. Der Pfarrer musste der Gemeinde sagen, dass leider Laien in der Messe nicht predigen dürften. Er bedaure das, müsse aber dem Bischof gehorchen.

In der Gemeinde machte sich eine große Enttäuschung breit. Mancher stellte sogar den Kirchbesuch ein. Es gab auch Leserbriefe in der Tageszeitung. „So muss die Kirche nur weitermachen, dann ist sie bald leer!", schrieb einer.

Im Pfarrblatt schrieb der Pfarrer: „Es ist traurig, aber wahr: Ein Einziger aus der rechten Ecke kann den ganzen Betrieb lahm legen. Jesus hat auch Unerlaubtes getan und am Sabbat Kranke geheilt. Das Ergebnis sehen wir am Kreuz."

Kirchenaustritte

Die Sekretärin im Pfarrbüro ist an die Mitteilung von Kirchenaustritten gewöhnt. Regelmäßig kommen die Informationen vom Amtsgericht. Sie muss dann herausfinden, wo die Betreffenden getauft wurden, damit der Austritt ins Taufregister eingetragen werden kann.

Wenn die Leute dann trotzdem ein kirchliches Amt übernehmen wollen, zum Beispiel das eines Taufpaten, und deshalb einen Auszug aus dem Taufregister anfordern, haben sie Pech.

Man könnte weitere Folgen nennen, die manche gar nicht kennen und erst erfahren, wenn sie für sie zutreffen. Die Kirchen sind bisher noch nicht auf die Idee gekommen, den Ausgetretenen mitzuteilen, was sie durch ihren Schritt verloren haben. Manche nehmen deshalb weiter an kirchlichen „Vergünstigungen" teil, obwohl sie kirchenrechtlich davon ausgeschlossen sind.

Das Seelsorgeteam der neuen Großpfarrei riet von unfreundlichen Mitteilungen an die bisherigen Gemeindemitglieder ab. Diese würden nur zu stärkeren Verhärtungen führen.

Stattdessen schlugen sie eine Diskussion im Gemeinderat vor. Die Frage lautete wie schon bei Johannes dem Täufer: „Was sollen wir tun?" (Lk 3,10)

Unterschiedliche Vorschläge wurden gemacht. Einer erinnerte daran, dass früher der Pfarrer bei den Gemeindemitgliedern, die aus der Kirche ausgetreten waren, einen Besuch machte.

Manchmal habe das sogar zum Wiedereintritt geführt. Doch dann wurde schnell deutlich, dass dafür heute die Zahl der Ausgetretenen zu groß sei und der Pfarrer mit einem zusätzlichen Priester aus Indien und einer Pastoralreferentin diese Aufgabe nicht mehr bewältigen könnte.

Wie so oft in der letzten Zeit kam man dann auf die hoch gepriesenen Laien als Ehrenamtliche. Man einigte sich auf einen Versuch. Einige aus dem Kreis waren bereit, Hausbesuche bei Ausgetretenen zu machen. Weitere Engagierte könnte man ja in der Pfarrei finden.

Es wurden Vorbereitungsabende vereinbart. Schließlich mussten die Besucher mehr über Themen wie „Einzug der Kirchensteuer", „kirchenrechtliche Folgen von Austritten" und vor allem auch die wichtigsten Glaubensfragen, die häufig gestellt werden, wissen. Da war ja seit dem letzten Konzil vor 50 Jahren manches geklärt worden, zum Beispiel das Bibelverständnis. Sie sollten den Leuten auch sagen, was die Gemeinde alles an sozialen Einrichtungen hat und natürlich finanzieren muss.

Dann zog die „Kolonne" aus. Bei den Leuten wurden sie meistens freundlich, wenn auch etwas zurückhaltend, empfangen. Es gab interessante Gespräche. Von Verschwendung der Kirchengelder war die Rede, von sexuellem Missbrauch durch Geistliche, vom automatischen Einzug der Kirchensteuer auf Kapitalerträge. Auch Ärger wegen einer Beerdigung oder einer Trauung wurde genannt. Manche sagten auch ganz offen: „Wir haben schon lange nichts mehr mit Kirche am Hut. Warum sollen wir dann noch Kirchensteuer bezahlen?"

Wenn dann die Besucher der Pfarrei auf manches hinwiesen, was von Kirche noch an ihrem Hut klebe, waren sie etwas verwundert. Beeindruckt waren die Leute, wenn die Besucher erzählten, was ihnen selbst Glaube und Kirche bedeute und wie sehr ihnen ihr Einsatz in der Gemeinde Freude mache.

In den Sitzungen des Gemeinderates berichteten die „Ausgesandten" über ihre Erlebnisse.

Zwar erhöhte sich die Zahl der Wiedereintritte nicht zusehends, aber die Gemeinde war doch etwas missionarischer geworden, und außerdem führte die eingeholte Kritik an der Kirche zu der einen oder anderen Veränderung in der Gestaltung des Gemeindelebens.

Die „Großwetterlage" der Kirche kann die Gemeinde kaum beeinflussen, wohl das Klima vor Ort.

Der Äskulapstab

Im katholischen Krankenhaus hatte der Seelsorger Ärzte, Pfleger und Pflegerinnen und sogar einen Apotheker zu einer Gesprächsrunde eingeladen. Ein Dutzend Leute war gekommen.

Es gab ein Thema: „Der Äskulapstab". Alle begegneten diesem Symbol immer wieder. An jeder Apotheke war es zu sehen: ein von einer Schlange umwundener Stab. Jeder wusste, dass es sich um ein Zeichen für die Medizin handelt. Aber kaum einer konnte Näheres darüber erzählen. Zum Glück wusste der Chefarzt der inneren Abteilung des Krankenhauses Bescheid. So referierte er dann. „Der Ursprung des Äskulapstabes liegt im Altertum. Nach der griechischen Sage beherrscht Äskulap, der Sohn des Apollon, in besonderer Weise die Heilkunst", erläuterte er. „Er konnte sogar Tote wieder beleben", fuhr er fort. „Das nun", sagte er, „erzürnte Hades, den Herrscher des Totenreiches. Dieser wandte sich an Zeus, der Äskulap mit dem Blitz erschlug."

„Das ist aber gar keine schöne Geschichte", sagte eine Pflegerin und fragte: „Wie kann denn die Äskulapschlange Symbol für Medizin, also Heilung, sein?"

Hier griff der Seelsorger ein: „Ich meine, die griechische Sage könne gerade den heilenden Berufen Wichtiges sagen," und fuhr fort, „besonders Ihre Berufe, ganz egal ob Arzt oder Pfleger, sind doch mit viel Opferbereitschaft verbunden. Nicht selten kommen Sie abends wie erschlagen nach Hause!" Das leuchtete ein. Heilen hat seinen Preis, siehe Äskulap!

Schließlich ergänzte der Seelsorger das bisher Gesagte mit Kenntnissen aus der Bibel.

Auch dort ist die Schlange als Heilszeichen zu finden, zum Beispiel als Kupferschlange bei Mose. Wenn die von Giftschlangen gebissenen Menschen zu ihr aufschauten, wurden sie vor dem Sterben bewahrt. Es wird später als Vorausbild für Christus am Kreuz gedeutet.

Heute betrachten die Gesprächsteilnehmer den Äskulapstab mit anderen Augen.

Brot zwischen den Schienen

Er erzählte es immer wieder, jener Abbé Raymond David, ein inzwischen verstorbener Pfarrer aus der Normandie.

1941 wurde er nach Deutschland „deportiert", weil er die Besatzung Frankreichs durch Hitlers Wehrmacht als Unrecht angeprangert hatte. Schon 1937 hatte Papst Pius XI. die Enzyklika „Mit brennender Sorge" geschrieben und den Umgang der Nationalsozialisten mit der katholischen Kirche beklagt. Der französische Geistliche hatte Ausschnitte davon den Messdienern für ihre Eltern mitgegeben. Einer der Jungen hatte ein Exemplar ohne böse Absicht einem deutschen Offizier gegeben. Seitdem wurde der Priester verfolgt. Er konnte sich eine Zeit lang verstecken. Doch schon bald wurde er von den Deutschen verhaftet, zum „Expriester" verurteilt und in ein Zwangslager nach Gundelfingen an der Donau gebracht. Dort musste er zusammen mit anderen Gefangenen schwere körperliche Arbeit leisten.

Unsagbar waren die Leiden dieser Männer, die eines gemeinsam hatten: Sie konnten Unrecht nicht Recht nennen, nicht schweigen angesichts von Terror und Gewalt. Dafür wurden sie nun bestraft und oft misshandelt. Die harte Arbeit an den Bahngleisen, der Hunger und der Durst ließen sie fast wahnsinnig werden.

Doch eines Tages ereignete sich völlig unerwartet ein „Wunder". Brot lag zwischen den Schienen. Jemand hatte es in Papier eingewickelt unter den Steinen versteckt. Sie steckten es vorsichtig in ihre Taschen. Die Aufseher durften es nicht merken. Erst wenn sie sich unbeobachtet wussten, aßen sie hastig dieses Brot.

Täglich neu lag Brot zwischen den Schienen. Etwa 80 Männern war dieses unvergessliche Wunder jahrelang Hilfe zum Überleben.

Oft fragten sich die Gefangenen, wer wohl dieser „Engel" in ihrer Not war. Offensichtlich kam er in der Nacht, wenn niemand es sah.

Erst als die Alliierten das Lager befreiten und die Gefangenen in ihre Heimat entlassen wurden, sprach sich bis zu ihnen herum, dass „der Engel von Gundelfingen" eine einfache Frau namens Anna Stadler aus der Nähe des Lagers war, die einfach Not sah und half.

Abbé David hat sie nie vergessen, und als der französische Staat diese deutsche Frau in die „Légion d'honneur" aufnahm, um sie mit dem Verdienstorden ihres Landes zu ehren, war auch Abbé David dabei.

Schockiert

Pfarrer erhalten manchmal Briefe von Gläubigen, die mit irgendetwas unzufrieden sind.

Manche schreiben den Seelsorgern auch, was sie innerlich bewegt.

Besonders ältere Gemeindemitglieder äußern sich auf diesem Wege, weil sie Entwicklungen in Kirche und Gesellschaft sehen, die sie nicht einfach hinnehmen können.

Die Anlässe, einen Brief zu schreiben, können sehr unterschiedlich sein. Es geht um veränderte Gottesdienstzeiten, um Veränderungen in der Liturgie, um das Wegbleiben der jungen Generation und vieles andere mehr.

Einmal schrieb eine ältere Frau einen Brief, der den Pfarrer noch lange beschäftigte.

Es ging um Brot, das Menschen oft achtlos wegwerfen. Das berührte die Frau sehr stark, da sie, wie sie schreibt, „vor vielen Jahren Not, Hunger und das Fehlen eines Daches über dem Kopf erfahren musste".

Weiter schreibt sie: „Ich sehe heute oft Brot am Straßenrand liegen. Vielleicht haben Kinder es fallen lassen, und die Mütter konnten sich nicht überwinden, es aufzuheben, zu säubern und die Kinder weiter essen zu lassen oder es wenigstens den Vögeln zu geben."

Erschüttert ist die Briefschreiberin ganz besonders vom Anblick eines großen Beutels geschnittener Brote neben einem Mülleimer. Es wurde wohl nicht für Bedürftige dort hin gelegt. In ihrem Brief heißt es: „Aber Brot auf dem Boden? Das ist des Nachdenkens wert, zumal uns täglich die Gesichter hungernder Kinder per Fernsehen in die Wohnzimmer gesendet und wir zu Spenden aufgerufen werden."

Die Frau weiß, dass weggeworfenes Brot bei uns den hungernden Menschen in der Welt nicht hilft. „Aber", so schreibt sie weiter, „hier geht es um Werte, die weggeworfen werden. Brot auf der Straße, das geht gegen meine christliche Überzeugung. Im Evangelium ist die Rede vom Sammeln der Brotreste, aber nicht vom Wegwerfen!"

Die Frau bittet den Pfarrer, in seinen Predigten etwas über dieses Problem zu sagen, damit die Menschen das Brot mehr achten. Brot sei doch etwas Heiliges, das man nicht einfach wegwerfen könne. Es wurmt sie förmlich, wenn sie sieht, wie viele Lebensmittel in den Müll gelangen, statt besser einzuteilen oder es der Tafel für die Bedürftigen zu geben.

Dem Pfarrer ist klar: Seelsorge hat auch mit Leibsorge zu tun, und dazu gehört eben in erster Linie der Umgang mit dem täglichen Brot.

Solwodi

Ein Pfarrer nicht weit von Duisburg war in arger Verlegenheit. Er hatte die Abendmesse gefeiert und wollte gerade nach Hause gehen. Da rief ihn die Küsterin zurück: „In der Kirche sitzt noch eine Frau, die unentwegt weint. Ich kann sie nicht verstehen. Wahrscheinlich spricht sie Polnisch!"

Der Pfarrer ging zu ihr hin und versuchte herauszubekommen, was ihr fehle. Doch auch sein Bemühen, die Frau zu verstehen, blieb ohne Erfolg. Zum Glück saß hinten in der Kirche noch eine Frau, die nach der Messfeier immer noch lange nachbetet. War sie nicht eine „Spätaussiedlerin"?

Der Pfarrer ging zu ihr hin und landete einen Treffer. Sie sprach Deutsch und Polnisch. Gerne stellte sie sich als Dolmetscherin zur Verfügung. Schluchzend erzählte die weinende Frau ihr Unglück. Sie komme aus Polen, sei Mutter von drei Kindern. Ihr Mann sei arbeitslos und verdiene kein Geld. Da habe sie ein Angebot aus Deutschland angenommen. Ein Mann suchte eine Haushaltshilfe. Sie wollte für eine begrenzte Zeit Geld für die Familie verdienen. Ihr Mann wollte so lange die Kinder versorgen.

Jetzt wohnte sie bei dem deutschen „Arbeitgeber". Dieser aber wollte nicht nur eine Haushaltshilfe, sondern einen „Beischlaf". Er hatte sie zunächst freundlich gebeten. Er wollte das auch extra bezahlen. Zur Verständigung zeigte er ihr einen Geldschein. Doch die polnische Mutter weigerte sich. Daraufhin wurde der Mann gewalttätig. Fast hätte er sein Ziel erreicht. Doch sie konnte sich im letzten

Augenblick von ihm befreien, verließ das Haus und lief zur Kirche, um Hilfe zu suchen. Der Pfarrer ging mit ihr und der Dolmetscherin zu der Wohnung des Mannes.

Der aber öffnete nach dem Klingeln die Tür nicht. Die polnische Frau hatte einen Hausschlüssel. So konnten alle drei in die Wohnung gelangen. Später sagte die Polizei, dass dies sehr riskant gewesen sei. Es wäre besser gewesen, die Polizei mitzunehmen, denn Leute wie dieser Mann seien oft unberechenbar. Der Pfarrer fand deutliche Worte für den Mann, der einen angetrunkenen Eindruck machte, und forderte die Frau auf, ihre Sachen zu packen und mitzukommen. Alles Drohen des Mannes mit Worten wie „Hausfriedensbruch" oder „Ich werde Sie verklagen" rührten den Pfarrer nicht. Die Frau legte den Hausschlüssel auf den Tisch und ging mit. Schließlich hatte sie den Pfarrer ja am Altar gesehen und wusste, dass sie ihm vertrauen konnte. Der Pfarrer holte sein Auto, dankte der Dolmetscherin für ihre Hilfe und fuhr mit der polnischen Frau nach Duisburg.

Dort unterhält „Solwodi", ausgeschrieben „Solidarity with women in distress – Solidarität mit Frauen in Not" ein Haus für Frauen, die entweder als Zwangsprostituierte aus aller Welt oder sonst Missbrauchte Opfer von skrupellosen Männern geworden sind. Eine Ordensschwester öffnete das große Eisentor und nahm die beiden freundlich in Empfang. Die Schwester und der Pfarrer kannten sich von früherer Zusammenarbeit. Das Haus war überfüllt, aber man hatte ein Notbett für alle Fälle. So konnte die bedrängte Frau bleiben. Die Schwester holte eine sprachkundige Frau und erklärte der Unglücklichen, wo sie jetzt sei und wie sie wieder nach Polen zu ihrer Familie käme. Der Pfarrer fuhr in seine Pfarrei zurück.

Das Bild vom guten Hirten, der dem verirrten Schaf nach ging und es nach Hause trug, leuchtete einige Male vor seinem inneren Auge auf. Später berichtete die Schwester dem Pastor, dass die Frau gut wieder nach Hause gekommen sei. Sie habe angerufen und immer wieder „dziekuje", „danke" gesagt.

Licht im Herbst

Zwei ältere Frauen trafen sich auf dem Weg nach dem Einkauf. Rasch entwickelte sich ein Gespräch. Wie üblich fing es mit dem Wetter an, um dann zur Befindlichkeit überzugehen. Der Sommer war vorbei. Die dunklen Tage hatten begonnen.

Beide Frauen gestanden sich gegenseitig ihre gedrückte Stimmung als Folge. Sie klagten über zunehmende Lustlosigkeit.

Dagegen könne man leider nichts machen, meinte die eine. Da aber widersprach die andere. Sie war nämlich bei ihrem Hausarzt gewesen. Der hatte ihr erklärt, dass die gedrückte Stimmung im Herbst mit Lichtmangel zu tun habe. Sie hatte sich sogar medizinische Begriffe gemerkt und wusste jetzt, dass der Körper bei Abnahme von Tageslicht weniger stimmungsaufhellende Endorphine produzieren und weniger Serotonin ausschütten würde, das für unser Glücksgefühl verantwortlich ist. Müdigkeit und Apathie seien die Folge dieser Mängel. Der Arzt habe ihr Spaziergänge und andere körperliche Bewegungen bei Tageslicht in der frischen Luft empfohlen. Auch die Pflege von Gemeinschaft sei wichtig. Sie habe selbst schon einiges ausprobiert und Besserung gespürt. „Das sind ja gute Ideen", sagte die Erste, „aber..." „Lass das nur mit dem Aber!", sagte die andere, „wann treffen wir uns wieder, um in den Park zu gehen?" Sie vereinbarten Ort und Zeit. Der kleine Ausflug am folgenden Tag tat beiden richtig gut.

Auf dem Heimweg kamen sie noch an einer offenen

Kirche vorbei. Sie gingen hinein. Vorne brannten Kerzen. Jede fügte eine hinzu im Gedenken an ihre Verstorbenen, die sie so sehr vermissen. Der Gedanke, dass sie jetzt im ewigen Licht sind, tröstete sie. Auch das war ein Beitrag zur Verbesserung ihrer Stimmung. Leib und Seele gehören eben zusammen.

Darum sind die beiden Sätze „Sich regen bringt Segen!" und „Trimm dich, bet mal wieder!" gar nicht so falsch. Das erfuhren auch die beiden. Sie tankten Licht im Herbst. Und das war gut.

Buß- und Bettag

Der Buß- und Bettag, der in der evangelischen Kirche seit langer Zeit eine wichtige Rolle spielt, ist heute kein staatlicher Feiertag mehr. Viele bedauern dies, allerdings weniger wegen des Wegfalls des Inhaltes dieses Festes als vielmehr wegen der Tatsache, dass sie jetzt an diesem Tag arbeiten müssen.

In einer rheinischen Stadt, in der wie heute fast überall Christen aller Konfessionen leben, kam eine Gruppe von Gläubigen auf die Idee, dennoch den alten Festgedanken aufzugreifen und die Bewohner der Stadt an die Notwendigkeit von Buße und Gebet zu erinnern.

Da dies eigentlich ein Thema für alle Christen ist, beschloss man, etwas Gemeinsames zu unternehmen. Natürlich sollte es am Abend in einer ihrer Kirchen einen ökumenischen Gottesdienst geben. Aber das genügte ihnen nicht. Sie wollten mit einigen Freiwilligen in der Mittagsstunde, in der viele Leute in der City die Fußgängerzone frequentieren, eine Art Demo organisieren und mit Plakaten, die mit Bildern und Texten versehen waren und die Aufschrift „Buß- und Bettag" trugen, die Menschen zu Umkehr und zum Beten aufrufen. Sie zeigten Bilder von Menschen aus den Ländern, in denen Hunger, Krankheit und Terror herrschten. Dazu kam das Bibelwort: „Kehrt um und glaubt an das Evangelium!" (Mk. 1,15) und der Satz von dem Dichter Reinhold Schneider: „Allein den Betern kann es noch gelingen, das Schwert ob unsern Häuptern aufzuhalten."

Einige Passanten schauten hin, schüttelten vielleicht den Kopf oder sagten: „Richtig! Setzen Sie sich mal dafür ein, dass der Tag wieder arbeitsfrei wird! Ist ja eine Schweinerei!"

Die „Demonstranten" sagten dann, dass es ihnen darum weniger gehe. Es ginge um Buße und Umkehr, damit es mehr Gerechtigkeit in der Welt gebe. Auch wäre mehr Beten angesagt, weil mit Waffen kaum Friede in der Welt zu erreichen sei.

Es kam zu der einen oder anderen Diskussion. Jedenfalls stand für manchen das Thema des Tages im Raum, auch wenn sie nicht arbeitsfrei hatten.

An den Tagen danach stand ein Artikel über die kleine Demo der Christen mit Bild in der Zeitung, sodass auch Leute davon erfuhren, die am Buß- und Bettag nicht in der Stadt waren und auch nicht im Gottesdienst.

Als nach einigen Jahren diese Initiative nicht fortgesetzt wurde, fragten doch noch manche Bewohner dieser Stadt, ob das Fest Buß- und Bettag denn jetzt ganz abgeschafft wäre.

Hierzu noch Folgendes: Astronomen haben festgestellt, dass man heute noch das Licht von Sternen sehen kann, die bereits vor Tausenden von Jahren erloschen sind.

Vielleicht wirken ja christliche Feste, auch wenn sie offiziell nicht mehr begangen werden, doch noch länger nach.

Eine Perspektive

Der alte Gastwirt hielt nicht viel von Kirche. Das war allgemein bekannt. „Arbeit ist auch Gebet", sagte er, wenn ein Gast den Kirchgang ansprach. Außerdem meinte er, dass man Gott auch bei einem Spaziergang durch den Wald antreffen kann. Die Frage, ob er denn sonntags in den Wald ginge, beantwortete er nur mit einem leisen Knurren.

Nun war er aber krank geworden. Er hatte sich da keine großen Gedanken gemacht „Was von selber kommt, geht auch von selber wieder weg", meinte er. Aber die Krankheit ging nicht von selber weg. Im Gegenteil: Es wurde immer schlimmer. Der Hausarzt musste kommen. Schließlich ging am Krankenhaus kein Weg mehr vorbei. Der Gastwirt wurde nach allen Regeln der ärztlichen Kunst untersucht, und am Ende stand die Diagnose fest: ein bösartiger Tumor.

Als der Chefarzt ihm dies so vorsichtig wie möglich mitteilte, war er fix und fertig. Niemand konnte ihn trösten, seine Familie nicht und auch nicht seine Freunde.

Die Stationsschwester machte ihm den Vorschlag, das Gespräch mit dem Seelsorger des Hauses anzunehmen. Zunächst wollte er davon nichts wissen. Gut, er war nicht aus der Kirche ausgetreten. Aber das war auch alles. Er hatte zum Glauben an Gott einfach keine Beziehung.

Als Junge war er zwar Messdiener gewesen, aber seit seiner Firmung hatte er die Kirche nicht mehr von innen gesehen außer bei der kirchlichen Trauung und der Erstkommunion seiner Kinder. Aber dem hatte er nur seiner Frau zu Gefallen zugestimmt.

Jetzt klopfte es an seiner Zimmertür. Besuch. Der Krankenhausseelsorger kam einfach unangemeldet. Er kannte ihn, weil er gelegentlich in seine Gaststätte kam. Es hatte auch kleine Unterhaltungen gegeben, nicht über den Glauben, sondern über den Sport. Und weil sie beide für den gleichen Verein schwärmten, war er ihm sympathisch.

Der kranke Wirt bot dem Geistlichen Platz an. Schließlich fragte dieser, wie es ihm denn gehe. „Wie soll es mir schon gehen?", sagte der Angesprochene. besch...eiden!"

Nach einer Weile des Schweigens beider Gesprächspartner fügte der Kranke hinzu: „Krebs!"

Der Pfarrer äußerte sein Mitgefühl. Zu einem weiteren Gespräch kam es jetzt nicht. Schließlich verabschiedete sich der Seelsorger und erwähnte noch, dass er bald wiederkommen würde.

Nach einigen Tagen kam es zu einer erneuten Begegnung. Da kam einiges zur Sprache.

„Ich muss mein Haus bestellen", sagte der Wirt. „Da ist einiges zu regeln, damit es kein Chaos gibt, wenn ich gehe." Der Pfarrer antwortete meistens nur mit einem „Ja". Dann aber fasste er den Mut zu sagen: „Haben Sie auch schon mal über das Materielle hinaus gedacht?" „Sie meinen, über die Frage, was dann kommt, wenn hier Sense ist?" „Ja, das meine ich", antwortete der Priester. „Ich weiß nicht", sagte der Wirt. „Ich glaube, da kommt nichts mehr. Schließlich ist ja noch keiner wiedergekommen." „Doch", sagte der Priester, „einer wohl, Jesus. Er ist auferstanden, und auch wir werden einmal mit ihm leben. Das hat er versprochen." „Kann man glauben oder auch nicht!", sagte der Wirt.

„Stimmt!", sagte der Pfarrer, „ich zum Beispiel glaube es." „Ich beneide Sie!", sagte darauf der schwer kranke Mann und fügte hinzu: „Wenn ich das glauben könnte, würde ich vielleicht leichter sterben." Der Geistliche machte den Vorschlag, es mit dem Glauben einfach mal zu versuchen. „Sie könnten ja beten: Gott, wenn es dich gibt, dann... und ihm dann alles, was Sie bewegt, anvertrauen." Der Kranke nickte: „Ist gut! Versuch macht klug." Und beide verabschiedeten sich.

Als nach einigen Tagen das dritte Gespräch stattfand, wirkte der Gastwirt nicht mehr so trostlos wie bei den Begegnungen zuvor. „Ich glaube, ich habe inzwischen eine kleine Perspektive. Es steht mindestens 1 zu 1, und vielleicht gewinnt ja der Glaube!", sagte er.

Als der Priester am Sterbebett des Gastwirts das Psalmwort aussprach „In deine Hände, Herr, lege ich mein Leben", nickte der und starb mit einem Lächeln.

Ein Bischof in Zivil

Ein Bistum sollte einen neuen Bischof bekommen. Nach langem Warten hatte Rom sich nun für einen der zahlreichen Kandidaten entschieden. Es war ein Priester, der bisher in der großen Öffentlichkeit wenig bekannt war. Er war ein guter Theologe, kannte sich in sozialen Fragen aus und hatte längere Zeit als Pfarrer in einer nicht immer leichten Gemeinde gearbeitet. Er konnte sich vor allem gut in die Menschen hineinversetzen. Sein Lebensstil war auffallend bescheiden, und nie war ihm in den Sinn gekommen, er könne einmal Bischof werden.

Nun aber hatte das „Los" ausgerechnet ihn getroffen. Ein Anruf von der Nuntiatur in Berlin informierte ihn über seine Wahl. Nachdem er sich von seinem ersten Schreck erholt hatte, äußerte er einen Wunsch: Ob man mit der Bekanntgabe noch etwas warten könne, er wolle sich auf sein neues Amt noch ein wenig vorbereiten. Der Nuntius zögerte zunächst, weil so etwas bisher nicht vorgekommen war. Da ihm aber kein Hindernis bekannt war, willigte er ein und vereinbarte mit dem künftigen Bischof drei Wochen Wartezeit. Diese Entscheidung meldete er auch nach Rom und an das Domkapitel, das sicherlich ungeduldig wartete. Die Sorge, dass die Wahl durchsickern würde, war natürlich groß. Aber manchmal können sogar kirchliche Stellen etwas verschweigen. Die Sache klappte.

Was aber machte der künftige Würdenträger, der Nuntius hatte an Exerzitien gedacht oder an Schweigen in einem Kloster. Doch es kam ganz anders.

Der Erwählte sprach einen Pfarrer in einer Gegend an, in der ihn sicherlich niemand kannte. Dieser hatte einen Kreis von Laien aufgebaut, der in der Gemeinde Hausbesuche machte. Ihn, den er diskret in sein Vorhaben einweihte, bat er, drei Wochen lang inkognito Hausbesuche mitmachen zu dürfen, natürlich in Zivil und nur als Herr Meyer bekannt. In seiner bisherigen Pfarrei hieß es, dass ihr Pfarrer in Urlaub sei.

So machte er sich an die Arbeit. Man ging zu zweit. Die Besucher schellten bei den Leuten an, stellten sich als Vertreter der dortigen Kirchengemeinde vor und versuchten, mit den Gemeindemitgliedern ins Gespräch zu kommen. Da kamen alle möglichen Themen auf den Tisch. Dass die Predigten oft zu theoretisch seien, Bischöfe Geld verschwenden, die Seelsorger unsichtbar seien, die Kirche oft unbarmherzig, wenn sie zum Beispiel wiederverheirateten Geschiedenen die Kommunion verweigere. Die Sexualmoral der Kirche würde niemand mehr verstehen. Überhaupt ginge die Kirche nicht mit der Zeit. Sie sei einfach altmodisch. Es gab auch Leute, die mit den Neuerungen in der Kirche nicht mehr klarkamen.

Es gab auch Leute, die das Gemeindeleben positiv bewerteten und zum Weitermachen aufforderten.

Die Besucher hörten gut zu, auch unser „Zivilist". Natürlich gaben sie auch die eine oder andere Antwort. Manchmal mussten sie etwas klarstellen, weil die Besuchten nicht richtig informiert waren. Die Erneuerungen, die das letzte Konzil angestoßen hatte, waren oft gar nicht bekannt.

Jedenfalls hatte unser Kandidat drei Wochen lang „dem Volk aufs Maul geschaut". Er hatte mitbekommen, wo heute vielen Christen der Schuh drückt.

Nach seiner Rückkehr wurde er zum Bischof geweiht und war im wahrsten Sinne des Wortes ein guter Seelsorger in seinem Bistum.

Zum Nachdenken

„Geiz ist geil"

Die Werbung versucht ihr Glück mit allen möglichen Sprüchen. Dann heißt es „Ich bin doch nicht blöd", ein anderes Mal „Geiz ist geil". Letzteres sollte uns wahrhaftig nachdenklich stimmen. Dass wir sparen müssen, ist angesichts der vielen Schulden in privaten und öffentlichen Haushalten sicher mehr als nötig. Aber Geiz? Eine Tugend ist das sicher nicht.

Bei Jesus Sirach heißt es: „Schlimm ist ein Geizhals, der sein Gesicht abwendet und die Hungernden verachtet." (Sir 14,8)

Im Hebräerbrief schreibt der Apostel Paulus: „Euer Leben sei frei von Habgier." (Hebr. 13,5)

Den Geiz als geil anzupreisen, ist Ausdruck von Unkultur.

Im Mittelalter wurde Geiz als Gegenstück zur „Milte" angesehen. Dieser Begriff bedeutete im Mittelhochdeutschen so viel wie „Großzügigkeit, Freigiebigkeit".

Diese „Milte" musste man bei Hof als Gastgeber walten lassen. So durfte kein Gast ohne Geschenk fortziehen. Spielleute und Bettler waren mit Gaben zu bedenken. Geiz dagegen wurde als schwerer Charaktermangel angesehen.

Nur unsere moderne Zeit erlaubt sich eine Gestalt wie „Onkel Dagobert", der vor seinem Tresor steht und mit einem Geldstück in der Hand sagt: „Leute, die Geld ausgeben, verstehen nichts von den wahren Freuden eines Kapitalisten."

Man muss ja sein Geld nicht zum Fenster hinauswerfen, aber Geiz verführt dazu, die Augen vor der Not der Mitmenschen zu verschließen. Er macht auch den Geizigen selbst arm; denn er wird gemütskalt und arm an Liebe. Der Slogan „Geiz ist geil" sollte besser ersetzt werden durch „Großzügigkeit weitet das Herz". Hier passt vielleicht der Zusatz: „Ich bin ja nicht blöd."

Ich bin dann mal weg

Wallfahrten haben in der katholischen Kirche eine lange Tradition. Das hängt mit dem Selbstverständnis der Christen zusammen. Sie verstehen sich als Pilger auf Erden. In dem bekannten Kirchenlied, das Georg Thurmair 1935 schrieb, kommt das zum Ausdruck: „WQir sind nur Gast auf Erden und wandern ohne Ruh mit mancherlei Beschwerden der ewigen Heimat zu." Durch Wallfahrten und Prozessionen bringen Gläubige ihre Vorstellung von einem Leben mit einem glücklichen Ziel zum Ausdruck. Sie beten mit Händen und Füßen, ja mit dem ganzen Körper. Dazu gehört das Gehen, das Fahren und sogar das Springen, wie man es bei der Echternacher Springprozession sehen und erleben kann.

Einen besonderen Rang nimmt der Jakobsweg mit dem Ziel Santiago de Compostela in Spanien ein. Der bekannte Komiker Hape Kerkeling ist ihn gegangen. Sein Buch „Ich bin dann mal weg", in dem er seine Erfahrungen auf dem Jakobsweg beschreibt, wurde von vielen gelesen.

Wallfahrten bieten die Möglichkeit, den Alltag mit all seinen Sorgen eine Zeit lang hinter sich zu lassen, abzuschalten und sich Gedanken darüber zu machen, wohin unsere Lebensreise eigentlich führt. Die Befindlichkeiten der Pilger werden sicher sehr unterschiedlich sein. Es wird Gläubige geben, die ihren Glauben vertiefen möchten. Andere sind noch auf der Suche, haben Fragen und hoffen auf Antwort. Wenn einer allerdings gar nicht glaubt und für Spiritualität keine Antenne hat, kann er sich eine Pilgerfahrt sparen. Sie wird bei ihm lediglich zum Ausflug oder zu einer Reise ohne einen Gewinn für die Seele.

„Ich bin dann mal weg", dieser Satz ist zum Titel nicht nur für Wallfahrten, sondern auch für Einkehrtage, Exerzitien und Meditationen geworden. Offensichtlich hat der Mensch das Bedürfnis, gelegentlich eine Zeit lang zu verschwinden, nicht da zu sein, weg zu sein.

Die ständige Erreichbarkeit durch das Handy, selbst in der Freizeit oder im Urlaub, ist eine Krankheit unserer Zeit. Darum ist es gut, dass als Gegenmaßnahme das Abschalten wiederentdeckt wird. Wallfahrten sind dazu eine besonders gute Möglichkeit, weil sie uns intensiv erleben lassen, wer wir sind: Pilger, Wanderer mit einem lohnenden Ziel.

Die Würde der Toten

Die Bestattungskultur ist in Bewegung geraten. Vorbei ist die Zeit, in der bei uns in der Kirche mit dem Sarg des Toten im Chorraum ein Gottesdienst gehalten wurde und dann die Erdbestattung auf dem Friedhof direkt vor der Kirche stattfand. Man sprach deshalb vom Kirchhof. Diese eigentlich schöne Form findet man häufiger noch in Tirol oder in Orten Frankreichs, aber nur noch selten bei uns.

Der Friedhof liegt meistens außerhalb der Stadt, sodass man den Toten hinausträgt aus dem Raum des pulsierenden Lebens. Es gibt dort noch Gräber, aber immer häufiger wählen die Angehörigen, wohl nach Einvernehmen mit den Verstorbenen zu Lebzeiten, eine anonyme Bestattung. In unserer Zeit, die von großer Mobilität gekennzeichnet ist, wird die Grabpflege immer mehr zu einem Problem, weil kein Angehöriger mehr in der Nähe ist.

Während die Urnenbestattung früher von der Kirche abgelehnt wurde, weil sie darin ein Zeichen des Unglaubens gegen die Auferstehung sah, ist diese Form heute immer mehr üblich. Christliche Kirchen sind sogar zu Kolumbarien umgewandelt worden und als Orte des Totengedenkens sehr beliebt.

Es gibt weitere Formen der Bestattung, die es früher nicht gab. So kann die Urne in einem „Friedwald" beigesetzt werden, nach Möglichkeit unter einem Baum.

Es gibt auch den Wunsch, die Urne in der Wohnung eines Angehörigen aufzubewahren, wie es das in einigen Ländern gibt. Bei uns ist das noch nicht erlaubt.

Auch die Zeichen und Symbole an den Gräbern sind im Wandel begriffen. Da gibt es nicht nur christliche: ein Kreuz, eine Siegespalme, eine Ähre, einen Fisch oder die Buchstaben für Jesus: IHS. Jemand wollte gerne einen Fußball in den Grabstein einmeißeln lassen, weil der sein Leben war. Da sind der Fantasie keine Grenzen gesetzt.

Wie stehen wir Christen zu all diesem Wandel?

Die Zeiten sind vorbei, in denen die Kirche einfach sagte: „Wir sind dagegen!"

Wir leben in einer pluralistischen Gesellschaft und haben längst nicht mehr überall das Sagen.

Außerdem sind manche Formen von früher zeitbedingt und in einem bestimmten Kontext entstanden. Heute sehen auch Theologen vieles anders als ihre Vorgänger.

Den Christen war immer daran gelegen, die Toten würdig zu bestatten. Schon der römische Kaiser Julian Apostata erwähnt die Sorgfalt, die Christen auf die Bestattung ihrer Toten verwenden. Kaum eine andere Institution pflegt das Andenken an die Verstorbenen so wie die Kirche. Darüber hinaus ist die Einbeziehung religiöser Symbole so alt wie die Menschheit. Wir finden sie in allen uns bekannten Kulturen.

Wichtig ist, dass die Toten würdig bestattet werden und dass die Erinnerung an sie möglich bleibt. Christen sollten überlegen, wie sie ihren Toten ein ehrendes Gedenken, verbunden mit dem Glauben an die Auferstehung, am besten bewahren können. Die Praxis aller sollte auf jeden Fall die Würde des Menschen auch im Tod beachten, damit die Ehrfurcht vor „Gottes Bild und Gleichnis" nicht verloren geht.

Zum Lachen

Nicht immer geht es in Kirche, Sakristei und anderen heiligen Orten tierisch ernst zu. Es lohnt sich, das eine oder andere festzuhalten und bei passender Gelegenheit zu erzählen.

Der Pfarrer hatte über den Frieden gepredigt und am Schluss gesagt. „Friede ist möglich!"
 Ein Messdiener fügte für einige hörbar hinzu: „Sogar mit dir!"

Für denselben etwas konservativen Pfarrer war das Fronleichnamsfest immer sehr wichtig, vor allem die Prozession. Sie konnte nicht bunt genug gestaltet werden. Fahnen, Blumen, kleine Hausaltäre vor den Häusern, an denen die Prozession vorbeizog, vier Segensaltäre und dann der „Himmel", unter dem der Priester mit der Monstranz ehrfürchtig schritt. Auch Messdiener waren in großer Schar dabei, einige mit Schellen, Kommunionkinder in ihrer engelhaften Kleidung gehörten dazu. Auch die Blaskapelle durfte nicht fehlen.

In einem Jahr hatte der Pfarrer sogar den Bischof eingeladen, an der Prozession teilzunehmen. Er sollte einmal sehen, was heute noch möglich war. Der Bischof ging darauf ein und nahm teil. Alles lief wunderbar. Die Gemeindemitglieder hatten sich viel Mühe gegeben mit der Ausschmückung der Prozession. Als alles vorbei war, der Schlusssegen erteilt, das Tedeum gesungen und die Monstranz in den Tabernakel zurückgestellt war, gingen die Hauptakteure in die Sakristei zurück. Stolz wie der Hahn auf dem Kirchturm schaute der Pfarrer den Bischof an und sagte: „Na, Exzellenz, was sagen Sie nun?" „Ja", sagte er etwas bedächtig, „es war alles ganz toll! Aber, lieber Pastor, ist Ihnen nicht aufgefallen, dass in der Monstranz die Hostie fehlte?" „Ach", sagte der und fasste sich an den Kopf, „so eine Kleinigkeit vergisst man ja immer!"

Ein Gemeindemitglied kam in die Sakristei, um beim Küster eine Messe für die Verstorbenen der Familie zu bestellen. Der fragte, wie viele Teilnehmer etwa kommen würden. „Wir sind nur eine Hand voll", sagte der Besteller. „Dann kann ja die Messe am Seitenaltar stattfinden", sagte der Küster. „Ach, nein", sagte der Bittsteller, „wir hätten die Messe doch gerne in der Kirche!"

Einmal kam der Küster in die Kirche und sah, wie ein Mann die Figur des heiligen Antonius von Padua beschimpfte. Der Küster ging zu ihm hin und fragte, was denn los sei. Wütend sagte der Mann: „20 Euro habe ich ihm für die Armen gegeben. Aber glaubst du, er hätte mir gezeigt, wo mein verlorener Schlüssel liegt?"

Der Kaplan hatte den Kindern die Kirche gezeigt. Dort gab es auch eine Statue des heiligen Josef mit einem Stab in der Hand. Der Kaplan fragte die Kinder, ob sie wüssten, wozu er diesen Stock brauchte. Ein Junge meldete sich: „Um Jesus den Hintern zu versohlen, wenn er Dummheiten gemacht hatte!"

Ein Brautpaar, das noch sehr jung war, kam zum Traugespräch ins Pfarrhaus. Der Pastor hätte sie gerne auf ihr junges Alter aufmerksam gemacht, weil er Zweifel hatte an ihrer Ehereife. Doch er wagte es nicht. Als sie sich nach dem Gespräch im Flur verabschiedeten, sagte der Pastor zu seiner Haushälterin, die gerade vorbeikam: „Anna, gib den Kindern noch ein Täfelchen Schokolade!"

Weil kein Priester im Beichtstuhl saß, sprach eine alte Frau den Küster an: „Können Sie nicht meine Beichte hören?" „Ja", sagte der, „kann ich, allerdings ohne Absolution. Wenn Sie sich damit zufrieden geben wollen."

Ein Kind kam aus dem Beichtstuhl des Kaplans, der ihm anschließend in der Kirche begegnete. Das Kind kannte ihn aber nicht. „Wolltest du beichten?" fragte der Kaplan. „Habe ich", sagte das Kind. „Was hat der Priester denn gesagt?", fragte der Kaplan. „Nichts", sagte das Kind. »Er war wohl mit mir zufrieden."

Der Pfarrer hatte einen großen Hund. Einmal kam er während der Predigt in die Kirche und stellte sich zu seinem Herrn. Der Pastor unterbrach seine Predigt und sagte: „Seht dieses Verlangen nach dem Haus des Herrn! Wenn doch alle in der Gemeinde etwas davon hätten!"

Zu Karneval hatte sich ein Junge als Priester verkleidet. Er saß im Familiengottesdienst in der ersten Bank. In der Ansprache fragte ihn der Pastor nach dem Grund seiner Verkleidung.

„Ich wollte einmal erleben, dass mir keiner widersprechen darf", sagte der Junge.

Der Pfarrer hatte Besuch von einem Ehepaar mit einem kleinen Sohn. Der schaute sich im Pfarrhaus um. Irgendetwas schien ihm dort zu fehlen. Plötzlich fragte er: „Hast du keine Frau?" „Nein", sagte der Priester, „habe ich nicht". „Warum denn nicht?", fragte das Kind.

Es war für den Pfarrer nicht so einfach, einem Kind den Zölibat zu erklären. Schließlich sagte er: „Weißt du, ich habe da keinen Spaß dran." Prompt kam von dem Jungen die Antwort: „Du könntest es ja wenigstens mal probieren!"

Ein Bräutigam stand mit Frack und Zylinder an der Brautbank, um seiner Braut, die mit ihrem Vater einzog, entgegenzusehen. Den Zylinder hatte er aufgesetzt. Der

Pastor ging zu ihm hin und fragte: „Sind Sie jüdischen Glaubens?" „Nein, wieso?", fragte der Glückliche. „Weil die Juden im Gotteshaus eine Kopfbedeckung tragen, die Christen aber nicht." Erstaunt antwortete der Bräutigam: „Ja, warum wird einem das denn nicht gesagt?"
Eine Familie bat den Pfarrer um die kirchliche Beerdigung ihres Vaters, der aus der Kirche ausgetreten war. Der Pfarrer sagte: „Das geht aber nicht so ohne Weiteres." „Ohne Weiteres wollen wir das ja auch nicht", sagte der Sohn. „Wir wollen es nämlich mit einem feierlichen Hochamt."

Der Aushilfsküster war dafür bekannt, dass er sich gerne einen trank. Wenn er in der Sakristei Dienst hatte, bediente er sich bei dem Messwein. Damit dies nicht auffiel, füllte er in der Weinflasche immer etwas Wasser nach. Als dem Pfarrer eines Tages der Wein bei der Messfeier zu wässrig vorkam, sagte er nachher zu dem Aushilfsküster: „Bisher hatte ich immer geglaubt, Jesus könne Wasser in Wein verwandeln. Dass dies auch umgekehrt geht, ist mir neu."

Die Großmutter war gestorben. Nach der Testamentseröffnung besuchte der Pastor die Familie. „Sie hat immer gesagt, sie wolle der Gemeinde etwas vermachen. Hat sie das?", fragte der Pastor. „Ja", sagte der Sohn, „einen Brief speziell an Sie". Der Pastor nahm den Brief, öffnete ihn und las: „Sie sind eine lahme Ente. Das wollte ich Ihnen immer schon sagen. Aber ich hatte nicht den Mut dazu."

In der Pfarrkirche zelebrierte gelegentlich ein Würdenträger mit dem Titel „Päpstlicher Geheimkämmerer". Der Pfarrer hatte den Messdienern gesagt, sie sollten den Geistlichen immer mit seinem Titel begrüßen. Ein Junge begrüßte ihn dann mit seiner Version: „Grüß Gott, Herr päpstlicher Geheimkrämer!"

Der neue Kaplan predigte immer sehr lange. Nach dem Gottesdienst wollte ihn ein Gemeindemitglied darauf ansprechen und sagte etwas vorsichtig: „Herr Kaplan, Sie wissen aber viel". „Ja", sagte der Kaplan, „und ich habe noch längst nicht alles gesagt, was ich weiß."
Der Nachbarpfarrer war ein brillanter Prediger. Ein Gläubiger bewunderte ihn und sagte: „Sie können ja predigen! Aber was ist, wenn das alles am Ende nicht stimmt, was Sie da sagen?"

„Dann habe ich immerhin noch gut gelogen", war seine schlagfertige Antwort.

Ein Priester suchte eine Haushälterin. Eine Dame hatte sich beworben. In ihrem Brief schrieb sie: „Sie müssen bei mir auch nicht Händchen halten. Ich stricke nämlich leidenschaftlich und nutze dazu jede freie Minute, sodass meine Hände über den Haushalt hinaus nicht zur Verfügung stehen."

Die Kirche war einsturzgefährdet. Der Bürgermeister stellte ersatzweise die Turnhalle der Schule für den Sonntagsgottesdienst zur Verfügung. Der Pastor informierte die Gemeinde im Pfarrblatt: „Der Gottesdienst findet ab sofort in der Turnhalle statt. Kommen Sie aber dennoch nicht in Sportkleidung zur Messe."

Da die Kollekte für die Caritas in der Gemeinde immer recht bescheiden ausfiel, wollte der Pfarrer in seiner Predigt den Gläubigen ein wenig die Hölle heiß machen. Er erinnerte an das Jüngste Gericht, das die Geizigen in die Hölle bannt und sagte schließlich: „Es soll mich am Ende nicht wundern, wenn ich viele von euch in der Hölle antreffe."

Der Pfarrer unterrichtete auch bei geistig behinderten Kindern. Als er ihnen erzählte, Jesus sei bei verschlossenen Türen zu den Jüngern gekommen, wollten die Kinder das nicht glauben. „Geht doch gar nicht", sagte ein Kind. Der Pastor aber blieb dabei, dass Jesus das könne. Da überlegten die Kinder, wie das wohl gehe. Plötzlich zeigte ein Junge auf: „Ich weiß es, ich weiß es! Durchs Schlüsselloch." „Ja", sagte der Pastor, „das kann wohl sein."

Vom Münsterschen Bischof Johannes Poggenburg, einem westfälischen Bauernsohn, Vorgänger des berühmten „Löwen von Münster", Bischof Clemens August von Galen, wird erzählt, dass er angesichts des damals überfüllten Theologenkonvikts für Priesteramtskandidaten Neuanmeldungen eine Absage erteilte mit der schlichten Bemerkung: „Weitere sind nicht berufen."

Derselbe bewies noch auf dem Sterbebett Humor. Als die Ordensschwester, die ihn betreute, den Eindruck hatte, dass der Tod unmittelbar bevorstand, forderte sie ihn auf, die gute Meinung zu erwecken. Das ist eine katholische Art, alles bewusst in Gottes Hand zu legen. Da der Tod noch auf sich warten ließ, wiederholte die Schwester mehrmals die Aufforderung, die der Bischof brav befolgte. Als es ihm aber zu viel wurde, weigerte er sich und sagte (auf Platt): „Jetzt nicht mehr, Schwester. Jetzt lasse ich es darauf ankommen."

Auch Kardinal Frings von Köln war ein humorvoller Mensch. Manche Scherze waren allerdings unfreiwillig. So soll er bei einer Ansprache im Priesterseminar die Alumnen zu mehr Freude aufgerufen haben. Er tat es mit folgenden Worten: „Macht aus diesem Haus ein Haus der Freude! Ja, macht es zu einem wahren Freudenhaus!"

Ein ebenfalls gewitzter Bischof erhielt einen Brief von einer Frau, in dem sie einen bestimmten Priester anzeigte. Sie habe gesehen, wie der Geistliche öffentlich eine Frau geküsst habe. Der Bischof antwortete ihr einfach: „Wäre Ihnen heimlich lieber gewesen?"

Bekannt sind auch die vielen Scherze des Pfarrers Augustinus Jansen von Nordwalde. Erzählt wird, dass er sein altes Gartenklo durch ein ordentliches WC im Pfarrhaus ersetzen wollte und dazu vom Generalvikariat eine Unterstützung beantragte. Er fügte ein Foto von seinem „Häuschen", wie man damals sagte, hinzu und schrieb darunter: „Ich sitze auf dem Abort der Diözese und kann nichts machen."

Als Pfarrer Jansen eine Kollekte, die für das Bistum bestimmt war, nicht abgeführt, sondern für einen gemeindlichen Zweck verbraucht hatte, beantwortete er eine bischöfliche Aufforderung zur Zahlung mit dem Satz (auf Platt): „Steck deinen Kopf durch ein Loch, wenn du keinen Kopf hast, oder p... wenn du keinen Hintern hast."

Augustinus Jansen soll auch einmal beim Schützenfest den Vogel abgeschossen haben und dann Schützenkönig geworden sein. Das Problem mit der Wahl der Königin hat er angeblich gelöst, indem er einen Besen nahm mit der Bemerkung, das täten die andere Schützenkönige auch, würden es nur nicht merken.

Pfarrer Jansen wurde wegen zahlreicher Verdienste noch Prälat. Wenn ihn allerdings jemand mit diesem Titel unter Hinweis auf die violette Farbe ansprach, antwortete er häufig: „Was geht dich meine Mauser an?"

Pfarrer Jansen hatte auch scherzhafte Bezeichnungen für kirchliche Würdenträger. So nannte er den Generalvikar „Generalvakier" oder einen päpstlichen Protonotar „Päpstlicher Proletarier".

Zu den humorvollen Geistlichen im Bistum Münster zählte auch August Tertilt, Pfarrer und Propst von Hohenholte. Als der Bischof ihm die Ernennung zum Ehrenpropst und den lilafarbenen Gürtel überreichte, reagierte der Geehrte mit den Worten: „Geh mir doch weg mit der Gürtelrose!"

Humor hatte auch der frühere Direktor des Priesterseminars Borromaeum, Hermann Heifort. Als ein Weihekandidat ihm anvertraute, dass er nicht wüsste, wie das mit dem Zölibat gehen solle, zog Heifort die Bibel zu Rate und sagte: „Machen Sie sich keine unnötigen Sorgen: Den Seinen gibt's der Herr im Schlaf."

Als Bischof Reinhard Lettmann von Münster gefragt wurde, warum er so oft ins Heilige Land reise, gab er die Antwort: „Weil man dort am schnellsten aufersteht."

Ein anderer Bischof wurde von einem talentierten Priester angesprochen mit einer Selbstempfehlung: „Denken Sie bei Ihren Beförderungen auch einmal an mich!", sagte er. „Das tu ich immer", antwortete der Bischof. „Und warum ist daraus bisher noch nichts geworden?", fragte der Ehrgeizige. „Weil ich Ihre Demut testen wollte", lautete die Antwort des Bischofs.

Nach dem Tod des Bischofs von Münster, Michael Keller, fanden Theologiestudenten beim Aufräumen seiner Bücher einen Zettel mit der Abschrift einer Frankfurter Sakristeiinschrift, die übersetzt lautet: „Wenn das Meer austrocknet und der Teufel in den Himmel kommt, dann wird erstmalig ein Laie seinem Pfarrer ein treuer Freund."

Früher gab es in den Gemeinden Volksmissionen. Die Gläubigen wurden aufgefordert, in der Zeit der Gemeindeerneuerung zur Beichte zu gehen. Ein Mann hatte bei der Gewissenserforschung nichts gefunden und sagte dem Beichtvater einfach: „Ich habe nichts getan." „Das ist schlimm!", sagte der Pater. „Dann tun Sie doch endlich etwas!"

Humor hatte auch Weihbischof Wilhelm Wöste, Münster. Als er zu seinem fünfundsiebzigsten Geburtstag eine Reihe von Lobreden über sich ergehen lassen musste, reagiert er mit der Bemerkung: „Nicht einmal die Hälfte von dem Gesagten ist wahr. Aber man hört es doch so gerne."

Der Weihbischof firmte in einer Gemeinde, die einen weitherzigen Pfarrer hatte. Er hatte sogar evangelische Kinder als Messdiener genommen. Zwei davon waren so perfekt in ihrem Dienst, dass sie die Rolle der „bischöflichen Kapläne" übernahmen und Stab wie auch Mitra des Bischofs hielten. Nach der Zelebration lobte sie der Bischof. Da sagte einer der beiden Jungen: „Dabei sind wir evangelisch." „Was?", sagte der Bischof, „evangelisch? Was sagt denn Dr. Martin Luther dazu?" „Das wissen wir nicht", antworteten sie, „wir waren nicht beim Arzt."

Ein ausländischer Priester, hatte den Pfarrer in seinem Urlaub vertreten. Mit der deutschen Sprache kam er einigermaßen zurecht. Kleine Fehler waren allerdings nicht immer zu vermeiden. Am Ende seiner Aushilfszeit wollte er sich beim Pfarrer und seiner Gemeinde für die freundliche Aufnahme bedanken und sagte dann: „Ich danke dem Pfarrer und seiner ganzen Gemeinheit!"